生活者モード戦略

Sei-katsu-sha Mode
Strategy

日経BP

はじめに

生活者の欲求を捕える、新しいビジネスのかたち

５Ｇ、ＩｏＴ、ＡＩ、ＡＲ／ＶＲなどのテクノロジーの発展は、生活者同士、生活者と物や情報、物や情報同士をネットワークでつなぎ、現代人の生活を劇的に変えた。生活者がアクセスできる情報は膨大になり、生活に必要な機能の多くは精度とスピードを増し、自動化も進んでいる。便利で住みよい社会に発展していることは間違いない。

しかし、その一方で、現代の生活者の行動は大きく変容し、事業開発／推進におけるビジネス戦略策定や、広告や販促におけるマーケティング戦略策定に携わ

る人々の頭を悩ませているのも事実だろう。ビジネスの趨勢は流動的で、予期せぬヒット現象が相次ぐ。片や、満を持して策定した自分たちの戦略は、どうも「生活者が動く」感じがしない。理想と現実のギャップを埋めるべく、競合となる企業や、先進的な取り組みを行う有名企業について日々の情報収集や調査を行うが、それによって得られる成功事例は、遠い未来の話のように聞こえる。すぐに自分たちが同じような取り組みができるかといえば、到底そうも思えない……。

「生活者」について考えることから始めよう

事業やマーケティングの戦略を策定するにあたって、競合となる企業や、先進的な取り組みを行う有名企業について情報を収集し、精緻に分析をすることはもちろん重要だ。しかし、それだけだと、実際に自分たちが日々向き合っている「生活者」を動かすことができずに終わってしまうことも多い。

本当に押さえるべきなのは、そうした「企業の活動」という表層の動きに影響を与えている「生活者の行動」という深層の動きだ。生活者はどのように動いているのか。なぜそのように動くのか。生活者を突き動かす原理が見えなければ、生活者を取り込むために進むべき道も見えないのである。

そこで我々はまず、生活者を突き動かす原理である「欲求」の正体を明らかにする。そして、その欲求を捕えるために何をすべきなのかを提案する。本書を最後まで読んでいただければ、生活者の原理がつぶさに見えるようになり、展開すべきビジネスの姿もクリアになるはずだ。

ここで、本書で展開する考察の重要なポイントの一部を紹介しよう。

先ほど、事業やマーケティングの戦略を策定するにあたっては、生活者を突き動かす原理＝欲求の正体を明らかにすることから始めるべきだと提起した。では欲求とはどのようなものなのか。我々は次のように考察している。

欲求は、「生活者の内部」から生じるわけではない。

欲求は、「生活者を取り巻く状況」から生じる。

欲求が生活者を取り巻く状況から生じるとはどういうことか、自分の行動を、自分で決めていないということなのかと、読者の皆さんは疑問に思うはずだ。その疑問に答えるために、本書の考察をもう一つ紹介する。欲求が生活者を取り巻く状況から生じるとは、こういうことである。

欲求は、「生活者・物・情報のつながり」から生じる。
つながり方は変化しており、生活者自身も欲求に気づいていない。

もちろん、生活者の内部から生じる欲求は依然としてある。それが普通である。だが、テクノロジーの発展によって、生活者は新しい経験をするようになった。その新しい経験においては、欲求は生活者を取り巻く状況における、変化し続ける「生活者・物・情報のつながり」から生じる、ということなのだ。

我々は、この「生活者・物・情報のつながり」から生じる、生活者自身も気づいていない欲求を、「生活者モード」と定義している。

では、この生活者モードを、どう捕えればいいのか。難題である。従来の手法だけでは解を得られない可能性が非常に高い。そこで我々は生活者モードを捕えるための事業やマーケティングの戦略策定の方法論を本書で提示していく。それらの骨子だけ示しておこう。

①「モノ提供ビジネス」から「コト提供ビジネス」への転換

欲求が生活者の内部から生じていた従来ならば、質の高いモノを提供することが企業にとって重要だった。だが、欲求が生活者を取り巻く状況から生じる現代においては、商品やサービスをモノとして提供するだけでなく、コトとして提供することが必要となる。

②「生活者モード戦略」の策定

「コト提供ビジネス」を実現し、生活者モードを捕えるためには、個々のビジネスアクションの指針となるビジネス戦略の構築が重要となる。様々な企業間の共存共栄の関係=エコシステムを構想し、実現可能にする絵図を描くことによって、この戦略を策定する。

③生活者モードを捕える新たなマーケティング

従来は、生活者個人と企業が提供するモノをマッチングさせることが、マーケティングの役割だった。コト提供ビジネスにおいては、生活者の多様な状況と、企業が提供するコトをマッチングさせることが、マーケティングの役割となる。マーケティングにおいても生活者モードを捕えることが重要になる。

④「デジタルロケーションマーケティング」の可能性

「コト提供ビジネス」における新しいマーケティング手法の一つとして、生活者の状況の中でも「時空間」に着目したデジタルロケーションマーケティングが有効と考えられる。そのプランニングと実践方法を詳述する。

本書は実体を伴わない抽象的な理論書ではない。筆者二人は博報堂ＤＹホールディングスのマーケティング・テクノロジー・センターで、テクノロジー開発やアライアンスサポートに従事している。テクノロジーによってつながる時代の新たな事業戦略やマーケティング、メディアサービスの研究開発に携わり、テクノロジーの発展に伴う生活者の変化や、それに対応した新しいビジネスの展開を目の当たりにしてきた。その具体的な情報、データに基づいて、本書の分析、考察を展開しているのである。

それゆえ本書は、まず生活者に何が起きているのかという現状の分析から始まる。テクノロジーの発展によって、生活者の経験がどのように変化しているかを分析し、そこから生活者を突き動かす新たな「欲求」の姿を考察する。

さらに、その「欲求」を捕えて成功したビジネスの事例を分析・考察し、そこからヒントを見出して、企業が何をすべきかを提案する。ビジネスの大きな枠組みを示し、そのための戦略、戦術へとブレイクダウンしていく。繰り返しになるが、ビジネスの根源を支えているのは、生活者なのだ。現代の生活者について考えることから、一緒に進んでいければと考えている。結局のところ、それが、ビジネスの成功への一番の近道なのである。

究極解なき時代での、新たな戦略策定への挑戦

時代の様相は刻々と変わり、「こういうふうにやっておけば大丈夫」という「究

極解」を得ることは難しくなってきている。自分たちで何がゴールなのかを定め、ゴールのためのアクションを今一度考え抜くことが必要とされる。

しかし、だからこそ、我々のビジネスは面白くなってきているとも言える。究極解なき時代で自らの戦略を策定することは、ビジネスパーソンとしてこれ以上ない魅力的な挑戦なのではないだろうか。

本書を通じて、事業開発／推進やマーケティングに関わる方々が、「生活者モード」という新たな視点や、ビジネス戦略策定やマーケティング戦略策定の実務に役立つ気づきを得ること。それによって、様々な企業で、究極解なき時代を生き抜く新たなトライが生まれていくこと。それが、我々のたっての願いである。

佐藤智施

目次

CHAPTER

02

成功事例に生活者モードが見える

CHAPTER

05

生活者モードを捕える新たなマーケティング

CHAPTER

06

「デジタルロケーションマーケティング」の可能性

CHAPTER 01

生活者の新たな欲求「生活者モード」

1 — 生活者の欲求を明確化し、捕えることの重要性

ビジネス戦略の策定は「生活者の原理」を起点に

生活者の新たな欲求である「生活者モード」について解き明かしていく前に、そもそも、ビジネス戦略の策定にあたって、なぜ生活者の欲求を明らかにすることから始める必要があるのかを述べておきたい。

従来、企業のビジネス戦略を策定するにあたっては、「企業の原理」が起点となることが多かった。その一例がマクロ環境や業界構造といった企業の外部環境や、自社の事業や商品・サービスといった企業の内部環境を分析・評価することで策定するビジネス戦略だ。このようなビジネス戦略の策定では、企業の行動の

動機となりうる内外の環境の要素を、フレームワーク等で整理することによってビジネスアクションの指針を作っていく。つまり、あくまで「企業」を主眼に置き、「企業の原理」に注目することから始めるビジネス戦略策定であると言える。

しかし、テクノロジーが発展し、商品やサービスが互いに連携しながら生活者主導で購入・利用されていく現代においては、企業の外部環境や内部環境について整理するだけでは、有効なビジネス戦略を策定することは困難になってきている。そのような時代においては、企業の側だけではなく、商品やサービスを購入したり利用したりする生活者の側に立ち、生活者の行動の動機を深く洞察することで、どのようなビジネスを展開していくかを考えていく必要がある。つまり、「企業の原理」だけでなく、「生活者の原理」を起点にしたビジネス戦略の策定も重要になってくるのだ。

生活者を突き動かす最も基本的な原理、それは生活者の「欲求」である。「生活者の原理」を起点にしてビジネス戦略を策定するとは、具体的に言えば、生活者の「欲求」を明確化し、なんらかのアクションによってそれを捕える戦略を策定するということだ。

新たな時代のビジネス戦略策定のためには、現代の生活者の欲求を明らかにすることが必要不可欠なのである。

生活者の欲求は状況によって変化する

博報堂ＤＹグループは「生活者発想」をフィロソフィーとしてきた。人間を消費者という一面だけで捉えるのではなく、多面的な暮らしを営む存在として、まるごと、全円的に捉えよう、という考え方である。

我々は、この「生活者発想」で生活者の欲求の正体を明らかにしていくべきだと考えている。

人を消費者という一面だけで捉えるのではなく、多面的な暮らしを営む存在（＝生活者）として、まるごと、全円的に捉える。人間をまるごと観察することによって、それまでバラバラに見えていた人間の行動の「連なり」と「おおもと」が見えてくる。そして、そこから行動という結果の要因となった生活者の欲求を解き明かしていく。

生活者発想

人間を多面的な暮らしを営む存在として、まるごと、全円的に捉える。

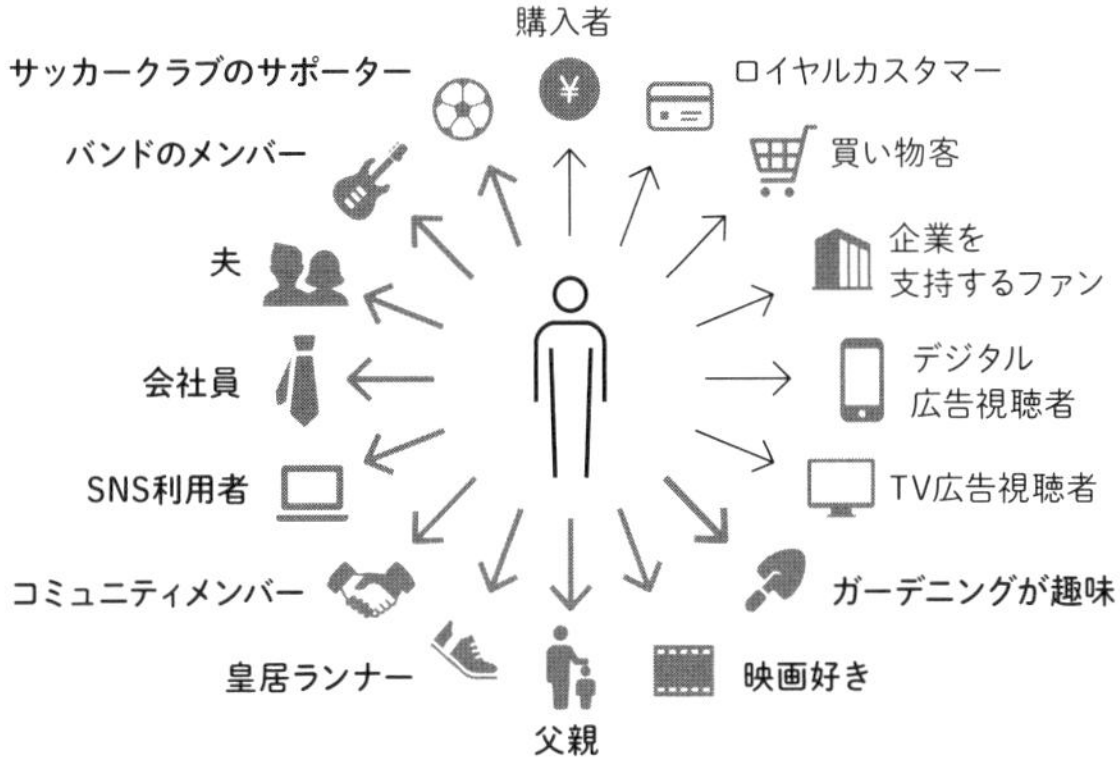

このような「生活者発想」が、生活者の欲求について考えるためには必要なのである。

人間を生活者としてまるごと観察すると、一人ひとりが多面的な顔を持つことに気づくはずだ。人々を「消費者」として捉えた場合と比べてみよう。

消費者として捉えたときの人間は、「商品の購入者」や「サービスの利用者」であり、商品・サービスの購入・利用に関連する「店に来る買い物客」「企業を支持するファン」「ロイヤルカスタマー」「ＴＶ広告視聴者」ということになる。企業の側から見える消費者の顔は一面的と言えるだろう。

生活者発想

生活者の顔は、生活を営みながら、その時々で変わっていく

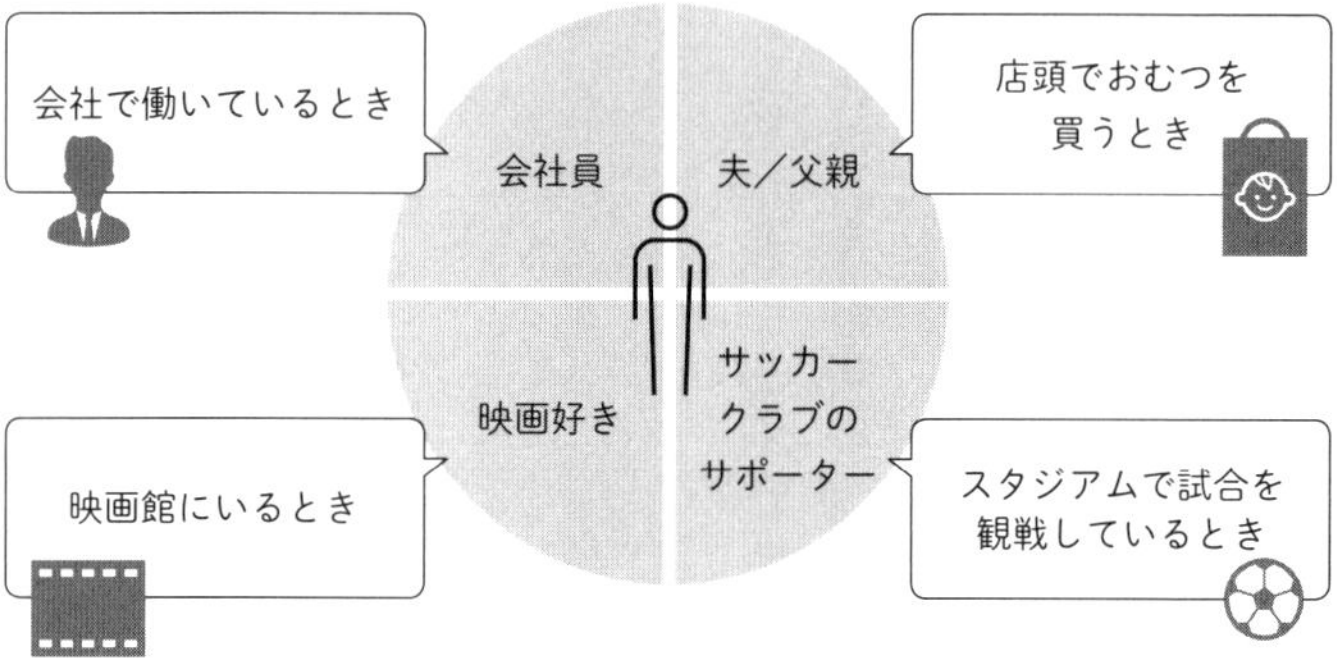

しかし、生活者として捉えると、その姿はガラリと変わる。職場では「会社員」だが、家庭では「夫」であり、「父親」でもあるはずだ。プライベートの趣味の時間では、「地元のサッカークラブのサポーター」であったり、「友人同士で結成したバンドのメンバー」であったり、「皇居ランナー」であったりする。さらには「ＳＮＳ利用者」や「映画好き」「ガーデニングが趣味」といった顔も持つ。生活者の「顔」が変われば、そのときの欲求も変化する。

重要なのは、生活者の顔は、生活を営みながら、その時々で変わっていく、

ということだ。先に挙げた一人の人の「会社員」「夫／父親」「地元のサッカークラブのサポーター」「映画好き」といったそれぞれの顔は、「職場で働いているとき」「店頭でおむつを買うとき」「スタジアムで試合を観戦しているとき」「映画館にいるとき」といった状況に強く依拠している。生活者の欲求というのは、そもそも、「生活者を取り巻く状況」に強く影響を受けるものだと言うことができるのである。

次項からは、現代の生活者の日々の生活と、そこにおける欲求の在り方を、具体的に見ていく。現代においては、テクノロジーの発展によって、私たちの生活の一部には大きな変化が起こり始めている。そして、そのような変化した生活においては、欲求は、以前にも増して「生活者を取り巻く状況」に強く影響されて生じるようになってきている。

生活の大きな変化とはどのようなものか？　そこにおける「生活者を取り巻く状況」とはどのようなものなのか？　詳細に解き明かしていきたいと思う。

2 — 従来の経験に変化をもたらす「つながる」テクノロジー

現代の生活者の欲求を見つめ直すために、続々と社会実装されているテクノロジーに目を向けてみよう。「５Ｇ」「ＩｏＴ」「ＡＩ・機械学習」「自動運転」「ドローン」……。枚挙にいとまがないが、現代において社会を大きく変化させていくものとして注目されている先進的なテクノロジーの例となると、このようなところになるだろう。

これらのテクノロジーには様々な機能があるが、一つの視点として、いずれも「つながる」テクノロジーであると捉えることができる。

大容量、低遅延、多数同時接続を可能にする次世代通信規格である５Ｇや、データ処理をクラウドではなくデバイスやゲートウェイで行うエッジコンピューティングの技術が、今まで中心となっていた人と人だけではなく、物と人、物と物をつなげていくことは既によく言われている通りだ。また、一般にＡＩと呼ばれることの多い、ディープニューラルネットワークを活用した機械学習による画像認識は、画像を構成するピクセルの行列データから特徴量を見出し、例えば「Ａさん」「商品Ｘ」といった特定の物かどうかを推計するものだ。これは、現実の「Ａさん」「商品Ｘ」そのものと、「Ａさん」「商品Ｘ」のデータとを「つなげて」いると解釈することができる。ドローンや自動車に導入されようとしている自動運転制御の技術は、物理的に遠く離れた人や物同士の「つながり方」を大きく変えていくと言える。レベル感は様々だが、そのテクノロジーが社会に実装されることで、何かと何かがつながり、新しい関係を作り出すことができる、そのような技術が、社会に続々と実装されていっていると言えるのではないだろうか。

「つながる」テクノロジーの社会での活用のされ方を見ると、「生活者同士をつなげる」「物と情報をつなげる」「生活者と物・情報をつなげる」の３つに大きく分けられる。我々は、これらの「つながる」テクノロジーの３つの活用のされ方が、我々の経験に、それぞれ「誰が経験するか」「何を経験するか」「どのように経験するか」の観点で大きな変化を起こすと考えている。

テクノロジーの活用がもたらす経験の変化

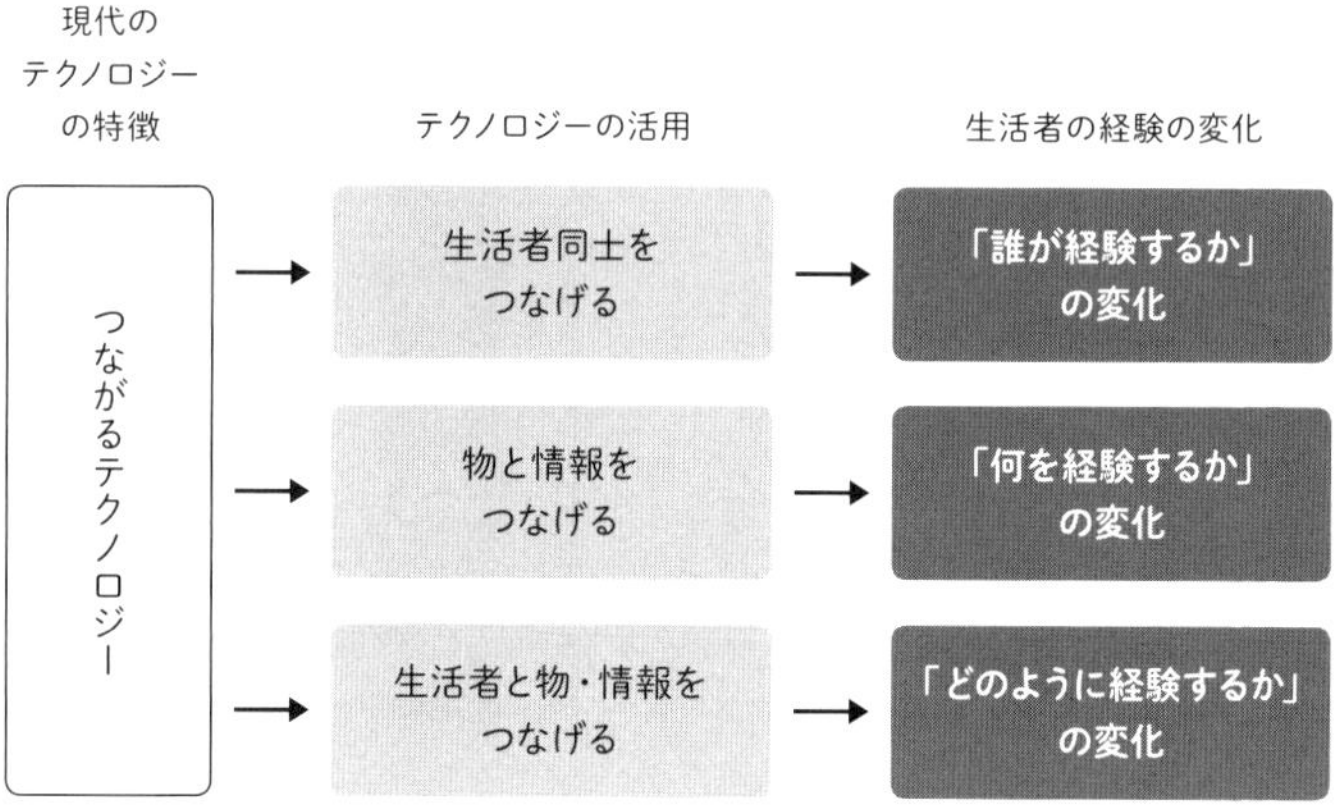

この、「つながる」テクノロジーの活用による我々の経験の変化は、生活者の欲求を解き明かすための重要なポイントである。それぞれの変化がどのようなものか、具体例とともに見ていこう。

「誰が経験するか」の変化
――「自分のネットワーク」も、自分自身に

まず、誰が経験するかという経験の「主体」について見ていこう。従来一般的に考えられてきた経験の主体は、生活者その人自身である。いや、その人自身以外に誰がいるのだろうか、と疑問に思う人もいるかもしれない。だが、「つながる」テクノロジー活用は、経験の主体さえ新しくしてしまうのだ。

では、「つながる」テクノロジーが活用される生活では、誰が経験しているのか。答えは生活者のネットワークである。このことを、テクノロジーを「生活者同士をつなげる」ために活用しているＳＮＳの様々な機能を通して説明していこう。

ＳＮＳは２０１０年代に急速に普及した。各ＳＮＳのユーザー向け機能追加の変遷を振り返ると、見えてくるものがある。それは、各ＳＮＳを提供している企業が、ユーザー同士のやり取りできるコンテンツをリッチ化するために様々な機

能を実装させていっていることだ。その中には、ＳＮＳを介した情報の経験を、まるで「人間が現実に経験したこと」のように感じられるようにする機能もある。顕著な例が「ライブ配信機能」である。遠く離れた場所で、現在起きている事柄の動画をリアルタイムで閲覧できる機能だ。２０１６年に各主要ＳＮＳに実装されて以降、世界中で多くのユーザーに利用されている。その動画の視聴そのものが、記憶に残る「経験」となることも珍しくはない。

音楽フェスティバルやイベントのライブ配信は、遠くの会場まで出かけなくても、好きな場所で「経験」を楽しむことを可能にした。実際に経験しているのは、ＳＮＳに投稿をしている遠い場所の他人なのだが、リアルタイムでの動画配信が可能になったことで、その経験が現在の自分の経験と思えるようになったのだ。

ライブ配信で注目すべきなのは、コンテンツを投稿する生活者と、コンテンツを視聴する生活者との間に仲介者がいない、またはそのように感じられることである。報道機関が提供する映像ならば、生放送だったとしても報道機関による「編集」がある。撮影した動画の投稿でも、その時間を切り取ったという「編集」があるし、現実と投稿までの時間差がある。だが、編集なし、リアルタイムのライブ配信では、生々しい現実そのものがコンテンツとしてやり取りされている。これにより、視聴する側は、現場にいる配信者という他人の「感じ方」「解釈」「意図」「存在」をほとんど気にしなくなり、自分自身がその現場にいるかのような意識や感覚で、その動画をそのまま経験するようになる。

こうした「投稿者の経験を、なるべくそのまま伝える」機能は、他にも次々とＳＮＳに実装され、コミュニケーションツールとして利用が広がっている。例えば３６０度カメラ写真の投稿機能だ。フレームで切り取られた、つまり編集された風景ではなく、投稿者の周りにある風景を、「そのまま」共有できるようになる。カメラを搭載したサングラスで撮影した映像を、そのままＳＮＳにアップする。そんな使い方を推奨した商品が発売されたこともあった。

このような機能は、今後、先に挙げた５Ｇをはじめとする通信技術の発展や、生活者が持つデバイスの精細度の向上によって、ますます増加していくだろう。

投稿者が見ているものを、編集なしで、「そのまま」を共有し合い、視聴者と投稿者との間、または多数の視聴者間で共有する機能によって、ＳＮＳではますますダイレクトに「生活者同士がつながる」ことができるようになった。ＳＮＳ

を介した経験が、投稿者の生のそれに近いものになった結果、私たちの日々の経験には、従来にはない変化が表れ始めている。

それは、経験の主体の「生活者個人」から「生活者のネットワーク」への拡張である。

・「自分のネットワーク」も「自分自身」

例えば、友人がＳＮＳのライブ配信機能でシェアしていた、ある企業のイベントを自分も見て、強く印象に残ったとする。翌日、別の友人と会ったとき、「昨日のイベント、見た？」と尋ねることがあるだろう。このとき、そのコンテンツが、自分が直接見たものではなく、友人がシェアしていたものだということは、どれだけ意識されているだろうか。「イベントを見た」という感覚の中に、「ＳＮＳを経由して見た」という感覚は残っていないかもしれない。そして、こういった行為を繰り返すうちに、ネットワークを経由した経験において「ネットワークを経由した」という感覚はどんどん失われていく。言い換えると、「自分のネットワーク」も「自分自身」だと認識されるようになる。

逆の立場で、自分がＳＮＳでそのイベントをシェアする場合も、同じようなことが言える。自分がイベント会場にいたとして、その様子は常にリアルタイムでＳＮＳによって友人たちに共有することができる。その場にいるのは確かに自分自身だけだが、ＳＮＳ上の友人たちと一緒にイベントを見ているような感覚を持つこともできる。これらの分析から導かれる結論はこうだ。

ＳＮＳに多く実装されている様々な機能を通して、「自分が何かを経験した」というときの「自分」、つまり**経験の主体は、「生活者個人」から「生活者のネットワーク」に拡張している。**経験の「主体」という点において、「生活者個人」と「生活者のネットワーク」との境界線は限りなく消えかけているのだ。

「生活者のネットワーク」の様々な経験が「生活者個人」の経験となっている例として、注目すべきコンテンツのジャンルがある。「Ｖｌｏｇ」と呼ばれる動画群だ。「Ｖｉｄｅｏ（ビデオ）」と「Ｂｌｏｇ（ブログ）」を掛け合わせた言葉で、明確な定義が行われているわけではないようだが、投稿者が日常の中で経験したものを撮影し、シンプルな編集を行った上でアップロードされる動画を指す。テーマ

生活者の経験の変化：「誰が経験するか」

従来の経験

「生活者」と「生活者のネットワーク」の区別がはっきりしている中で、
生活者個人が物や情報を経験していた。

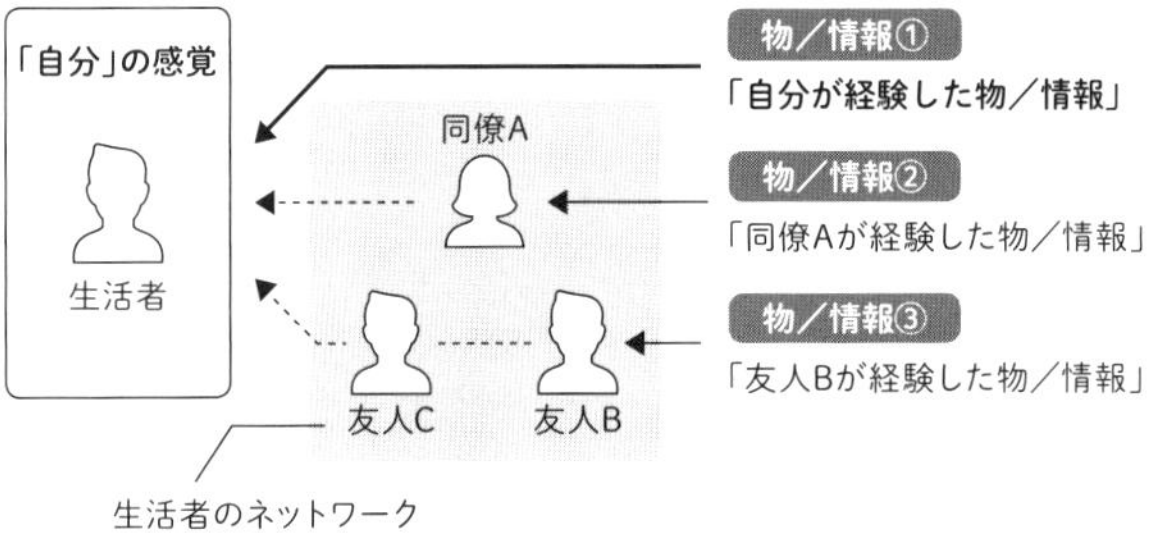

新たな経験

生活者同士をつなげるテクノロジーの活用によって、ダイレクトに経験が共有されるようになる。
結果、「生活者」と「生活者のネットワーク」の区別が曖昧になり、
生活者のネットワークが物や情報を経験するようになる。

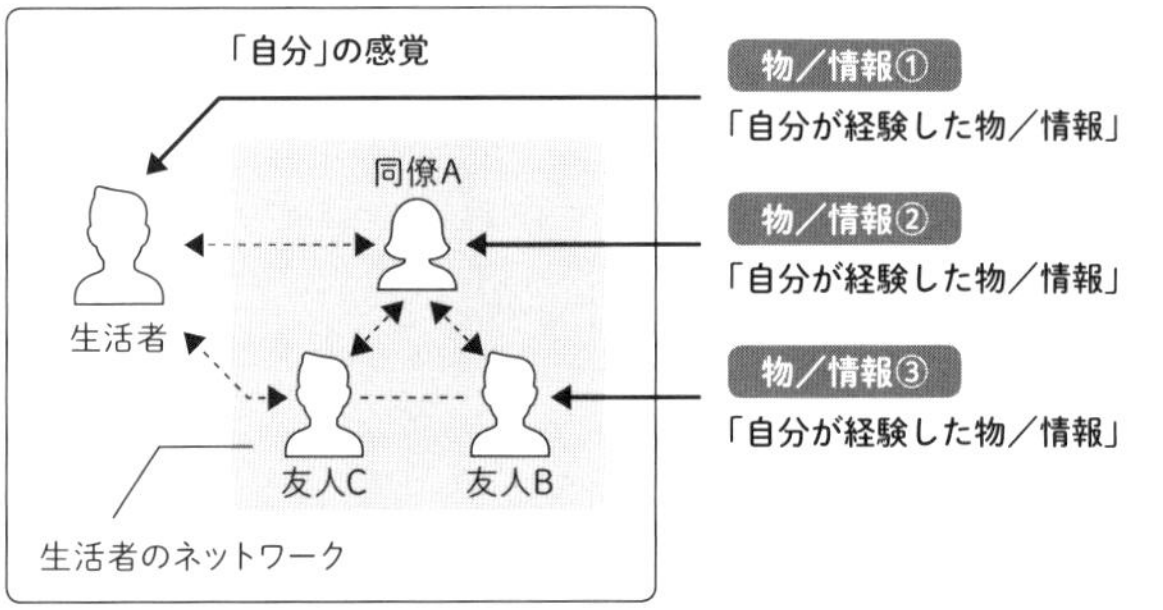

は小旅行や家事、料理など様々だ。ＹｏｕＴｕｂｅやＴｉｋＴｏｋなどの動画プラットフォームを中心に、現在、急速な広がりを見せている。

　特徴的なのは、従来多くの視聴を集めてきたＹｏｕＴｕｂｅｒの投稿する動画等が、企画性を重視しているのに対して、Ｖｌｏｇはあくまで投稿者の日常的な風景をほぼ「そのまま」撮影したものであることが多い点だ。演出のためのテロップや投稿者のナレーションなどはほとんどない。その代わり、「そのまま」感を伝えるために、利用するカメラの画質などの映像機器にはよく気が使われている。先の３６０度動画用カメラも使われていたりする。旅行の様子をＶｌｏｇとして撮影した動画を見ていると、旅行を疑似体験している感覚に陥ることがある。

　Ｖｌｏｇが人気になっている理由の一つとして、見る人にとっても「リアル」な表現として評価されていることが挙げられている。自分のネットワークが視聴した動画を、自分自身の経験に近いものとして見たい、と思う人々が増えているからこそ、このようなコンテンツジャンルが人気になり始めているのではないだろうか。

コンテンツをシェアした人が付与する情報が「経験の解像度を上げる」

実際には、SNSでシェアされたコンテンツを視聴する際には、そのコンテンツをシェアした人のコメントや「いいね」といった追加情報が付与されていることも多い。このようなコンテンツに付与された情報も含めてコンテンツを経験していく様子を、東京都市大学メディア情報学部の岡部大介教授は次のように捉えている。

信頼できる人をフォローし、その人の肩越しに世界を見ることで、深く理解したり、楽しみ方がわかったりと、「経験」の解像度が上がるのでしょう。他人の経験も自分の経験の一部になっていく。特にSNSのコミュニケーションでは、「ギブ&ギブ」の関係が生まれやすい。例えば誰かがSNSに情報を提

●岡部大介／東京都市大学メディア情報学部社会メディア学科教授。横浜国立大学教育学研究科助手、慶應義塾大学政策・メディア研究科講師（特別研究教員）を経て、2009年4月東京都市大学環境情報学部情報メディア学科専任講師、2012年4月より同准教授。改組に伴い2013年4月より現職。共著に『デザイン・リアリティ［増補版］―集合的達成の心理学』（北樹出版、2013年）がある。

供したとする。その情報を共有した別の誰かが追加の情報、別の切り口を提供する。「ギブ」に対して、「ギブ」で返していく。「いいね」も「ギブ」の一形態です。若者はそうやって世界を理解していこうとするのです。

経験の主体が「生活者のネットワーク」となるような生活においては、「自身のネットワークを形成する人々がコンテンツに付与するコメントなどの情報」が有意義であればあるほど、自分自身が最終的に得られる経験の「解像度」は高まっていく。今後ＳＮＳを通したコンテンツの経験がますます増加していくことを考えると、質の高い経験を得るためには、質の高い「ネットワーク」を形成できるかどうかが重要になっている、とも言えるだろう。

「何を経験するか」の変化
——「製品やコンテンツそのもの」から、「物と情報が結びついた環境」へ

続いて、生活において何を経験しているのかという経験の「対象」について考察していく。従来は、私たちが経験しているのは、物理的な製品や、パッケージ化された情報であるコンテンツ「そのもの」だった。これも、当たり前のことのように感じられるかもしれない。しかし、今、私たちの生活にはその前提を覆すような変化が起こり始めている。

背景にあるのは、「物と情報をつなげる」ためにテクノロジーを活用している、様々な商品やサービスだ。ここでの「物と情報をつなげる」とは、「現実世界」と「仮想世界」の対応関係を把握あるいは規定し、両者を紐づけた上で情報を処理したり、表示したりすることを指す。

最もわかりやすいのはＡＲ関連の商品やサービスだろう。ＡＲはAugmented Reality（拡張現実感）の略で現実世界のレイヤーに仮想世界のコンテンツがオ

ーバーレイ（上書き）されて表示されている状態のことを指す。ＡＲを実現している商品として有名なのは、没入感のある拡張現実体験を提供してくれるＡＲヘッドセットだ。見ている空間に連動するかたちで仮想世界のグラフィックが表示されたり、見ている物に対して仮想世界上に登録されている詳細な情報が表示されたりする。

　また、我々が日常的に利用しているスマートフォンにも「物と情報をつなげる」テクノロジーは活用されている。例えば、スマートフォンにインストールされる写真加工アプリケーションの中には、映っている顔の認識技術、顔に合わせた画像のレンダリング技術によって、顔に猫の耳や犬の舌をつける等の様々なかたちでポートレート写真を撮影して楽しむことのできるものがある。写真加工アプリケーションを使うことで、現実世界の私たちは、自分の顔をキーとして、自分撮りを楽しくしてくれるコミカルな仮想世界のデータにアクセスすることができる。位置連動型のスマホゲームなども、スマホを持つ人の現実世界の位置と、仮想世界の情報を紐づける技術が活用されている。

　さらには、現実世界と仮想世界とを紐づける技術が活用される場所は、２次元のディスプレイを超えて生活全体に広がっている。一般にＩｏＴと呼ばれる技術の多くは、現実空間と仮想空間とを紐づける機能を持つ。自宅周辺の天候データを取得して温度や湿度を調整するエアコンや、腕時計型センサーで運動データを取得し、運動量に応じて料金を下げることができる生命保険など、様々な場面で現実世界と仮想世界とを紐づける技術の活用例を見つけることができる。

現実と仮想が混ざり合っている状態を伝えるデバイスそのものが事実上消滅し、空間そのものに仮想の「ビット」が表示されるような感覚になるケースも出始めている。夜空をドローンが編隊飛行し、プログラム制御によって文字や立体的な形状を光で現出させるイベントなどはその一つだ。現実世界の空間と仮想世界の演出空間がほぼイコールのかたちで結びつき、人々を魅惑する一つのショーを成り立たせているのだ。

このような物と情報を「つなげる」テクノロジー活用は、現在のところエンターテインメントや家電、保険サービスといった生活者個人に提供される商業領域で実装されていることが多いが、今後はその範囲と規模が広がっていくと想定される。

工場などの製造現場で製造設備の稼働状況等の情報をリアルタイムで収集し、機器や設備そのものに紐づけてＡＲヘッドセット等で表示したり、遠く離れた患者に対して遠隔操作で医療器具を動かすことで手術を可能にしたりする「デジタルツイン」と呼ばれる仕組みの導入が始まっている。物と情報が「つながる」テクノロジーの活用範囲が、生活者個人に対する商業領域だけではなく、生産活動や福祉活動といった今までにない領域にまで広がっているのだ。

また、「ＡＲクラウド」と呼ばれる現実と仮想が結びついた世界を複数人で共有する仕組みも注目され始めている。これによって個人で経験することがメインだった物と情報が「つながる」テクノロジーの実装の規模は、今後大きく拡大していくと考えられる。

このように、現実世界の物と仮想世界の情報を、何かしらのかたちでミックスさせる技術は現代の世の中に広く普及しており、今後もさらに普及を続けるだろう。私たちの日常生活では、現実世界の物に仮想世界の情報が結びつくことが当たり前になってきているのだ。

このようなテクノロジーの活用によって、経験の対象は、製品やコンテンツ「そのもの」から何に変化するのだろうか。それは、物と情報が結びつき、混然一体となった「環境」である。

・「物と情報が結びついた環境」を経験する

従来、経験の「対象」とは、触れることや所有することが物理的に可能な製品だった。あるいはテレビやパソコンのディスプレイ、ラジオのスピーカーなどから届くパッケージ化された情報、つまりコンテンツだった。それぞれ単体を個別に経験していたのだ。

例えば、ある生活者が化粧品を購入した（＝経験した）とする。そのときに生活者が経験しているのは、化粧品という製品そのものだ。また、この生活者は化粧品に関する情報収集にも熱心で、美容情報誌を購読し、インターネット上の比較サイトを閲覧していたとする。この場合に生活者が経験しているのは、美容情報誌や比較サイトというコンテンツそのものである。

だが、現代の生活では現実世界の物を経験すれば、何かしらの仮想世界の情報が紐づき、情報を経験すれば何かしら現実空間の物が紐づく、そういったシーンが多くなっている。物が情報化し、情報が物化する「環境」がそこにはある。つまり、**生活において経験する対象は、「製品」そのものでも「コンテンツ」そのものでもなく、物と情報が結びついた「環境」となっている**のだ。

この、経験の「対象」の変化と関連が深い、ビジネスで注目されているテーマとして「ＯＭＯ（Online Merges with Offline）」が挙げられるだろう。

ＯＭＯとはまさにオンラインとオフラインの垣根がなくなった「環境」そのもののことだが、企業がこのＯＭＯを意識的に構築することがポイントだとされている。例えば、「家の冷蔵庫が、飲み物が足りないことを察知し、ＥＣサービスにその情報を連携することで、ＥＣサービスがショッピングカートへの飲み物の追加をサジェストする」「スーパーで商品を手に取ってゲートを通るだけで、ＥＣサービス上で決済が完了する」「事前にＥＣサービスで商品を注文しておき、店頭で届いた／作られた商品を受け取る」といったような、現実世界と仮想世界を行き来しながら物や情報を購買していけるようなサービスを提供することが、生活者の支持を得るためには重要になるとされているのである。

生活者の経験の変化：「何を経験するか」

従来の経験

物と情報は別々で結びつかなかったため、
生活者は**製品・コンテンツそのもの**を経験していた。

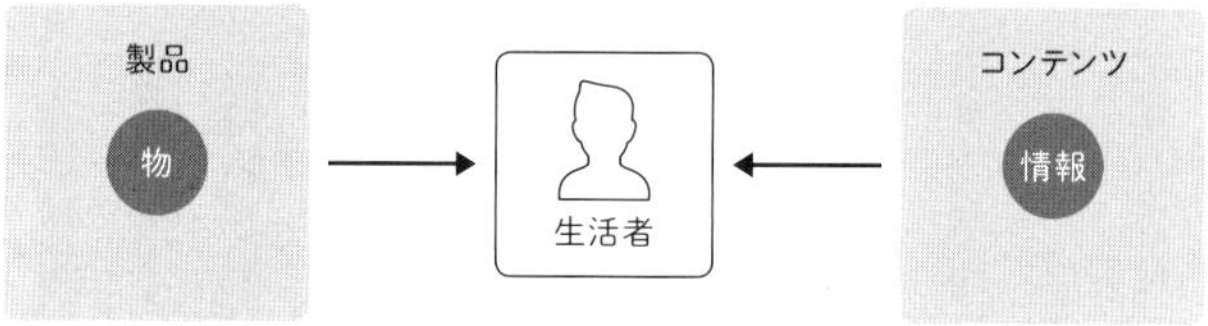

新たな経験

物と情報をつなげるテクノロジーの活用によって、
物には情報が紐づき、情報には物が紐づくことが多くなる。
結果、生活者は**物・情報が結びついた環境**を経験するようになる。

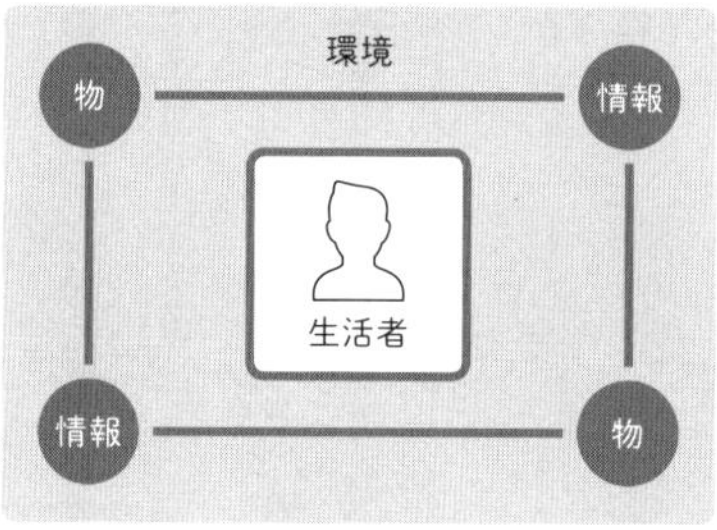

仕組みとしては、カメラによる人物認証、商品認識等のＡＩ技術を活用して現実世界で行動している生活者と仮想世界のその人の決済用アカウントを紐づけるなどの方法が活用されているようだ。

ＯＭＯへの注目は、我々が生活において選び、経験する対象が、「製品やコンテンツそのもの」ではなく、「物と情報が結びついた環境」となってきていることの顕著な例とみてよいのではないだろうか。

「どのように経験するか」の変化
――「意識的」な選択・受容から、「感覚的」な選択・受容へ

「つなげる」テクノロジー活用によって、「誰が経験するか」「何を経験するか」の観点で大きな変化が起こっていることを見てきた。最後に注目するのは、いかに選び、受容しているのか、という経験の仕方についてである。

生活において何かを経験するとき、一般的には生活者による意識的な選択と受容を想定することが多いだろう。生活者は、自分にふさわしい製品やコンテンツ

は何かを意識的に比較検討した上で選択し、受容してからもそれが自分にふさわしかったかを意識して確認する。今までの経験では、そのような考え方が自然だった。しかし、「生活者と物・情報をつなげる」テクノロジーの活用によって、そのような意識的ではない選択・受容が増え始めている。

そこで行われるのは、生活者のフィーリングに応じた、「感覚的」な選択・受容である。このことについて、テクノロジーの観点から背景を説明していこう。通信技術の発展によって、ローカル端末からデータを呼び出すのと全く同じ感覚で、クラウド環境から大容量コンテンツを容易にストリーミングできる環境が整ってきた。近年は映像や音楽コンテンツ等のデジタル商品・サービスだけではなく、日用品や人手によるサービス等の物理的な商品・サービスでさえも、物流支援システムなど様々な手法により「店舗に行かなくても商品・サービスが直接届く」ということが実現されるようになってきている。「生活者と物・情報をつなげる」ハードルは、テクノロジーによってどんどん下がってきていると言える。

このようなテクノロジーの活用によって引き起こされるのは、生活者が選択・受容する物や情報の量の爆発的な増加だ。何千万、何億の音楽や映像、記事、消費財、耐久財、その他の物や情報が、すぐに生活者の手元に届く、そのような世の中になってきている。

それに伴って生活者が志向するようになっているのは、物や情報の「所有」ではなく、物や情報の「利用」である。ずっと持っていなくても、必要なときに利用できればよい。そのような考え方が生活全体に広がりつつある。

「生活者と物・情報をつなげる」テクノロジーを活用しながら、生活者の「利用」志向に応えているサービスとして、高い関心を集めているのが、「サブスクリプションモデル」のサービスだ。個別の商品・サービスの一定期間の利用に対して代金を支払う方式のビジネスモデルを採用しているサービスである。もともとは、情報サービス業で提供されていることが多かったが、現在では様々な業種に対象が広がっている。

分析するとわかってくるのは、サブスクリプションモデルのサービスで得られる経験と、従来型販売モデルで得られる経験とは、「どのように経験するか」という観点で大きく異なることである。

サブスクリプションモデルを採用している「音楽」「ファッション」のサービ

スを例に挙げながら、それを説明していきたいと思う。

・「意識的」な選択・受容から「感覚的」な選択・受容へ

ＣＤを購入して、音楽を聴くのが基本だった時代、音楽経験はまず情報収集から始まった。音楽誌の記事を読んだり、歌番組を見たり、アルバムや楽曲を特集するラジオ番組を聴いたりすることも音楽経験の一部だった。

ふらっと寄ったＣＤ店で、手書きのおすすめコメントから情報を収集する。そして１枚のＣＤのアルバムを購入。アルバムには、誰がどのような意図から、どのように制作したかといった「成り立ち」を記載した「ライナーノーツ」が付属しており、それを読みながらアルバムを聴く。

これらの過程を通じて、生活者は「ＣＤアルバムに収録されている音楽」という情報を、はっきりと意識している。情報収集から音楽の鑑賞まで、自分自身にふさわしい音楽を意識的に比較検討して選択し、音楽を聴いて受容する際も自分にふさわしい音楽かを確認しようとする。経験の仕方は「意識的」である。

では、サブスクリプションモデルの音楽ストリーミングサービスの場合はどうだろうか。その一つ、「Ｓｐｏｔｉｆｙ（スポティファイ）」を見てみよう。
「スポティファイ」は、特定のテーマをもとに音楽を集めた「プレイリスト」で音楽を聴くスタイルを広めており、実際に多くのユーザーが「プレイリスト」で音楽を楽しんでいる。ユーザーは、時間帯や空間、天候、季節、そのときの気分、誰と一緒にいるかなどを基準に、「なんとなく」「雰囲気」でプレイリストを選んでいる。そこでは、特定のアーティストや楽曲、アルバムを意識しないで音楽を聴くことも多い。

　特定のテーマを気分で選ぶ、ということすらされない場合もある。「スポティファイ」では、ユーザーが様々な音楽を聴く中で、よいと感じた楽曲を「お気に入り」として登録しておくだけで、登録した楽曲とマッチした楽曲がプレイリスト化され、ユーザーにレコメンドされていく。ただ、感覚的に音楽を聴き、「お気に入りボタン」を押す程度の「反応」をしているだけで、次のプレイリストが提供されていく。そこでは、生活者はまるで空気のように、音楽という情報を受け入れていく。

　こういったかたちで選択・受容を行うようなサービスは、ほかの分野にも登場し、広がりつつある。

　例えばアパレルの分野では、米国のファッションレンタルサービス「ＬｅＴｏｔｅ」が注目されている。ユーザーは、サービス登録時にスタイリングの写真を見ながら「このスタイリングは好き」「このスタイリングは嫌い」といったかたちでアンケートに答える。すると、その好みを受けてスタッフがコーディネートした、レンタル衣服のセットが送られてくる。ユーザーがまた別のコーディネートの衣服をレンタルしたいと思ったら、借りている衣服のセットを送り返して、新たな衣服のセットが送られて来るのを待つ、といった仕組みだ。「ＬｅＴｏｔｅ」側は、提示したコーディネートに対するユーザーの反応を見ながら、それ以降のコーディネートを修正していく。

　ここでも注目したいのは、「ＬｅＴｏｔｅ」のユーザーがブランドや質感などにこだわってコーディネートのプランを選んでいないという点だ。「雰囲気」や「フィーリング」で選び、コーディネートを受容している。

　両社に共通しているのは、サービスにおいて個々の物・情報を選択する際の関与の仕方が従来に比べて大きく異なり、「感覚的」であるという点だ。

これは、ストリーミングの技術や物の輸送の技術が発達し、今までよりも圧倒的に簡単に情報や物を届けることができるようになったからこそ起こっている変化だ。膨大な楽曲や衣服の中から生活者が自分にふさわしいものを意識的に選択・受容することは、生活者にとって「ストレスフルなこと」になってきている。生活者は楽曲や衣服の中から自分にふさわしいものを「所有する」よりも、必要なときに必要なものを「利用する」ことを志向するようになってきている。「スポティファイ」や「Ｌｅ Ｔｏｔｅ」といったサブスクリプションモデルのサービスでは、定額制という料金設定と、ユーザーの利用データに合わせた商品やサービスのキュレーションやレコメンドによって、気分に即して利用する楽曲や衣服を選ぶという、生活者にとってストレスの少ない選択と受容を実現している。

わかりやすい例としてサブスクリプションモデルを例に出して感覚的な選択・受容について説明したが、この経験の仕方は、サブスクリプションモデルのサービスでのみ表れているわけではない。一部の売り切りモデルの耐久財や消費財でも同じようなことが起こっている。重要なのは、現代においては、つながるテクノロジーの活用によって生活者がアクセスできる物や情報が膨大になってきてい

生活者の経験の変化：「どのように経験するか」

従来の経験

物や情報が、自分が「所有」するのにふさわしいかを確認するために、
内容や価格などの情報を比較検討しながら、**意識的に**選択し、受容していた。

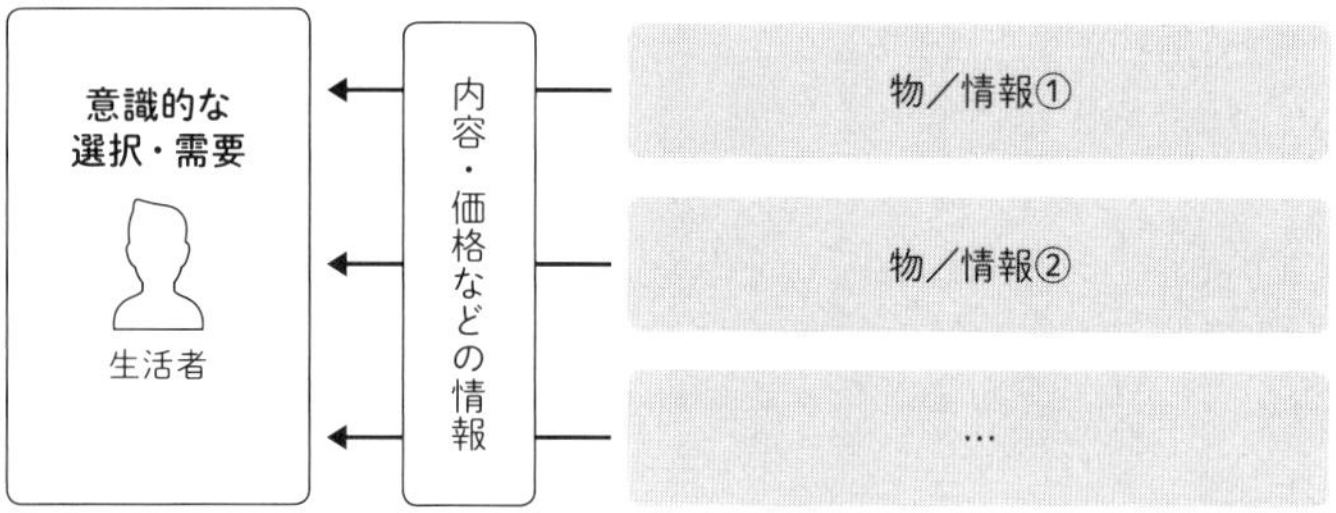

新しい経験

生活者と物・情報をつなげるテクノロジーの活用によって、生活者がアクセスできる
物や情報が膨大になる。結果、物や情報の「所有」よりも「利用」が志向されるようになり、
キュレーションやレコメンデーションされた物や情報を**感覚的に**選択し、受容するようになる。

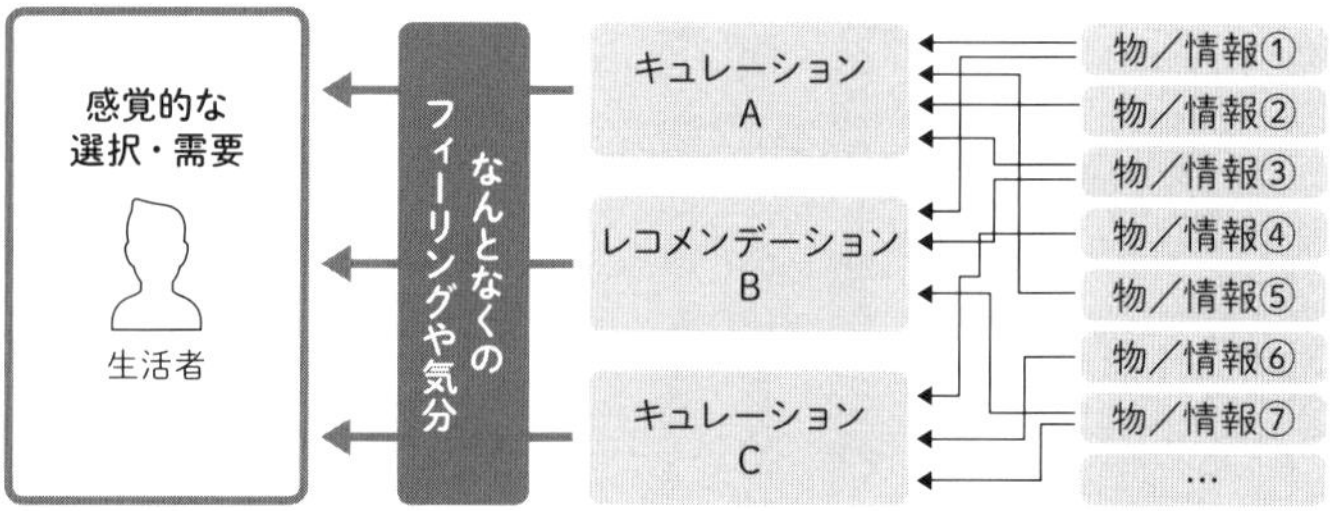

ること、そしてそれによって、生活者は物や情報の「所有」よりも「利用」を志向するようになったこと、その結果として、キュレーションやレコメンデーションされた物や情報を感覚的に選ぶ場面が増えているということなのだ。

「生活者と物・情報をつなげる」新たなテクノロジーを活用するサービスが増加してきたことで、**物や情報の経験の仕方は「意識的」な選択・受容から、「感覚的」な選択・受容に変化している**のである。

3 ‐ 「生活者モード」とは何か

欲求が「生活者の内部」から生じていた時代

では、つながるテクノロジーによって変化した経験において、生活者の欲求はどのように生じるのだろうか。我々は、それは「生活者の内部」から生じるのではなく、「生活者を取り巻く状況」から生じると考えている。生活者を取り巻く状況から生じるとはどういうことなのか。そのことを理解するために、まずは従来の「生活者個人」による「製品やコンテンツそのもの」の「意識的な」経験において生じていた欲求について考えてみよう。

「生活者個人」による「製品やコンテンツそのもの」の「意識的な」経験は、他の生活者・物・情報とは関係なく、個々の生活者で独立して成立する。登場するのは、他の生活者・物・情報とは切り離された生活者自身と、経験の対象となる製品やコンテンツだけだ。そのような経験においては、生活者の欲求は、「個々の生活者の属性」に影響を受けて生じる。「30代の男性」「会社員」といった人口統計的な特徴や、「映画好き」「サッカーファン」といった趣味嗜好、「自然環境に良い暮らしをしたい」「ブランドものを身につけたい」といった日常生活における価値観などが属性の例だ。まず、個々の生活者の内部に属性があり、その影響を受けて欲求が生じるという意味で、欲求は、「生活者の内部」から生じている、と言えるのである。

具体的なイメージをつかむために、「生活者個人」が「製品やコンテンツそのもの」を「意識的に」経験をしていた時代の欲求について、年代ごとに見ていってみよう。

・１９５０年代～60年代まで——物の所有への欲求を満たす

日本の経済発展をけん引した大量生産・大量消費は、誰もが「物の所有」を欲することで成り立っていた。それを裏づけていたのは、多くの生活者の内部に一様に存在した、「物を所有して便利になれば、豊かな暮らしができる」という価値観であった。「あのテレビ番組を見る暮らしをするために、カラーテレビを買いたい」「週末に家族で遠出できる暮らしをするために、自動車を買いたい」といったように、個々の生活者が同じように持つ「物の豊かさ」についての価値観に影響を受け、欲求が発生していた時代だった。

・１９７０年代〜80年代——物の豊かさより心の豊かさへ

１９７０年代から80年代にかけての安定的な経済成長を経て、生活者の価値観に変化が起きる。それは「物の豊かさから、心の豊かさ」への変化であった。「自分には、日々の喧騒を忘れさせ、ぜいたくなひとときを感じることができる物が必要だ」「自分には、時代の最先端にいる感覚になれる情報が必要だ」。そんなふうに、欲求は、個々の生活者の趣味嗜好に強い影響を受けながら発生するようになっていった。

・1990年代～2010年代——欲求の多様化・高度化

１９９０年代から２０００年代にかけて、バブルの崩壊、世帯人員の減少、晩婚化・未婚化、インターネットの登場など、様々な社会背景により、「典型的なライフスタイル」といったものはなくなり、生活者の価値観や趣味嗜好は細分化されていくことになる。価値観や趣味嗜好の細分化に合わせて、生活者に生じる欲求も多様化していった。「同じコーヒーについての欲求でも、ある人はホッと一息つけるものが欲しいと思っていて、また別のある人は目が覚めるようなスッキリするものが欲しいと思っている」といったことが当たり前に受け入れられていく。一人の生活者が様々な欲求を持つことも一般的になっていった。

２０１０年代になると、地球環境や格差などの社会的問題への関心の高まりの影響もあり、欲求が従来よりも高度化するケースも見られるようになった。「途上国と発展国の格差問題に貢献したい」という高次な欲求から、売り上げの一部が途上国に寄付されるような商品が発売されたりした。

社会的な背景から来る違いはありつつも、戦後の高度経済成長期から２０１０

年代に至るまで、欲求は一貫して、生活についての価値観、趣味嗜好、社会についての関心事といった「個々の生活者の属性」に影響を受けて生じていたことが、わかるのではないだろうか。

新たな経験の増加で「生活者を取り巻く状況」が重要に

しかし、「つながる」テクノロジーの発展によって、新たな経験が生活者の間で増加している。そこでの欲求は「生活者の内部」から発生するのではなく、「生活者を取り巻く状況」から発生するのではないかと我々は考えている。先に説明した、生活者の新たな経験をもう一度ここに整理しておこう。

・経験の主体――「生活者個人」から、「生活者のネットワーク」に拡張
・経験の対象――「製品やコンテンツそのもの」ではなく、「物と情報が結びついた環境」を経験
・経験の仕方――「意識的」ではなく、「感覚的」に選択・受容

「生活者のネットワーク」が、「物と情報が結びついた環境」を「感覚的」に選び、受容するようになっているのだ。ここで重要なのは、このような新たな経験は、「生活者・物・情報のつながり」があって初めて成立するという点である。新たな経験においては、ＳＮＳ、ＡＲ／ＩｏＴ／ＯＭＯ、レコメンデーションツールといったような、生活者・物・情報がつながる仕組みが活用されている。そこでは、生活者は、周囲の生活者や物や情報と、常につながりながら物事を経験する。生活者・物・情報同士がつながることが、経験することにおいて必要不可欠になっている。

　そのような経験において、欲求はどのように生じるだろうか。経験が、「生活者・物・情報のつながり」に依拠して成立しているのであれば、欲求も、「生活者・物・情報のつながり」に影響を受けて生じるはずだ。まず、生活者を取り巻く状況に「生活者・物・情報のつながり」が存在し、その影響を受けて欲求が生じるという意味で、それは、「生活者を取り巻く状況」から生じる欲求と言えるのである。

欲求の生じ方の変化

従来の経験

個々の生活者の属性に影響を受けて生じる

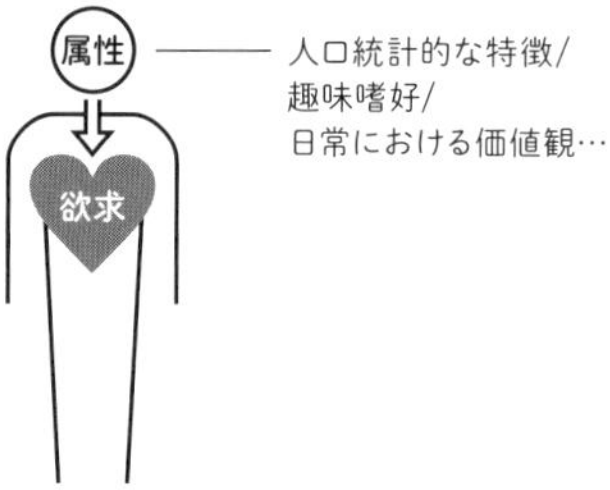

新しい経験

生活者・物・情報のつながりに影響を受けて生じる

生活者・物・情報のつながり

SNS、AR/IoT/OMO、レコメンデーションツール…

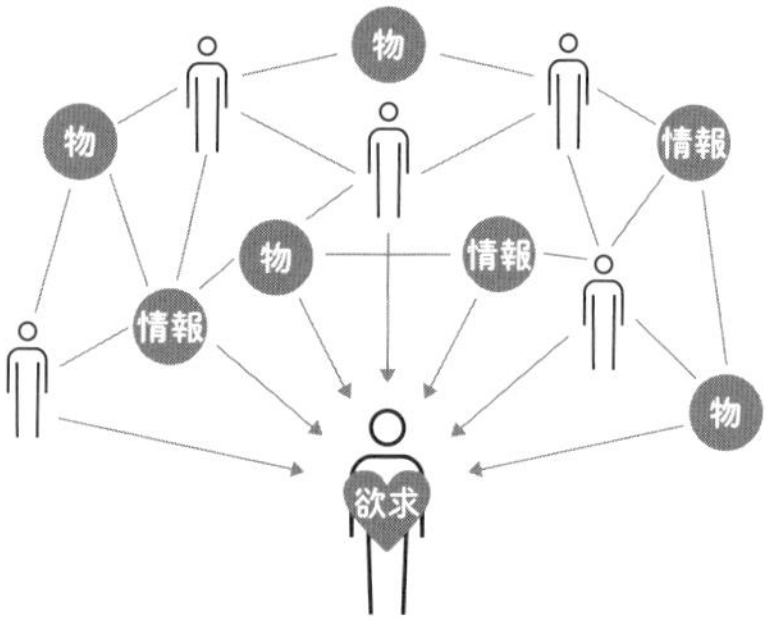

なぜハロウィーンの夜に仮装して渋谷に集まるのか

このことを、「ハロウィーンの夜に渋谷に集まる」という経験の中での「コスプレ」という行為を例にして考えてみよう。

「コスプレ」とは、一般に「漫画やアニメなどの登場人物の衣装・ヘアスタイルなどをそっくりそのまままねて変装・変身すること」である。

「コスプレ」は従来、「漫画やアニメの作品を楽しむ」経験の中で行われてきた行為だ。その経験は主に、個々の漫画やアニメの作品のファンが、作品そのものを、自分の思い入れによって選び、受容することで成立してきた。典型的な「生活者個人」による「物や情報そのもの」の「意識的な」経験である。

その経験における欲求を言葉にするとすれば、「思い入れのあるキャラクターや作品の世界観を、もっと深く、そして多様に楽しみたい」といったものになるだろう。それは、「漫画やアニメの作品が好き」という趣味嗜好、つまり「個々の生活者の属性」に影響を受けて生じる欲求である。今までの「コスプレ」は、生活者の内部から生じる欲求に応えるものだった。

　現代において、「コスプレ」は右記以外のシーンにも広がっている。特に注目されているのは、「ハロウィーンの渋谷に集まった若者たちが、アニメや漫画、映画等の様々な作品と関わりがある様々なコスチュームに仮装して楽しむ」という、近年メディアでよく取り上げられている現象だ。

　ハロウィーンに参加する若者たちの姿は、メイクや手作りの衣装など本格的な「コスプレ」に近いが、集まった個々の若者すべてが、日ごろから「漫画やアニメの作品のファン」であるわけではない。彼らが従来と同じ欲求をもとに「コスプレ」を行っているとは考えづらい。ではなぜ、人々は普段しないコスプレをして、ハロウィーンの渋谷に集まるのだろうか。

「ハロウィーンの夜に渋谷に集まる」という経験について、「誰が」それを経験しているかという観点で考えてみよう。ハロウィーンの夜に渋谷に集まる主体は、個々の若者ではない。若者自身と、その若者によるＳＮＳ投稿によってハロウィーンの夜を共有している若者の「ネットワーク」である。

また、「何を」経験しているのかと言えば、それは渋谷という街そのものではない。現実世界の渋谷の街と、そこに対してチェックインやハッシュタグ等によって紐づけられた、仮想世界のＳＮＳ投稿や記事等の様々な情報である。つまり、「物と情報が結びついた環境」を経験している。

では、「どのように」経験しているのだろうか？　おそらく、ハロウィーンの渋谷に繰り出す若者たちによって購入される物品ほど、「所有」よりも「利用」が志向される商品も少ないだろう。おそらく、ハロウィーンの時期に仲間たちと盛り上がるために利用されたきりで他には利用されず、所有している意味もあまりない、といった物も多いのではないだろうか。そのような中では、物が持つ意味や、機能を意識的に比較検討して選択したり、じっくりとそのことについて意識したりすることはあまりないはずだ。どちらかというと、ノリがいいか、仲間うちで盛り上がれるか、といった利用のシーンをイメージしながら「感覚的に」選ばれ、利用されていくことのほうが多いはずである。

「ハロウィーンの夜に渋谷に集まる」という経験は、「ハロウィーンの夜の渋谷」という状況における「ＳＮＳネットワークでつながった仲間たち」や、「現実空

「コスプレ」についての経験と欲求の変化

		従来	現在
		「漫画やアニメの作品を楽しむ」経験	「ハロウィーンの夜に渋谷に集まる」経験
経験	誰が経験するか	個々の漫画やアニメの作品のファンが	若者のネットワークが
	何を経験するか	作品そのものを	ハロウィーンに関する現実世界の物と仮想世界の情報が結びついた環境を
	どのように経験するか	自分の思い入れによって選択・受容	「ノリがいいか」や「盛り上がれるか」で選択・受容
欲求		個々のファンの「漫画やアニメの作品が好き」という趣味嗜好に影響を受けて生じる  思い入れのあるキャラクターや作品の世界観を、もっと深く、そして多様に楽しみたい	「SNSの仲間たち」や、「街に紐づけられた記事」、「その場の利用のための物品」といった生活者・物・情報のつながりに影響を受けて生じる 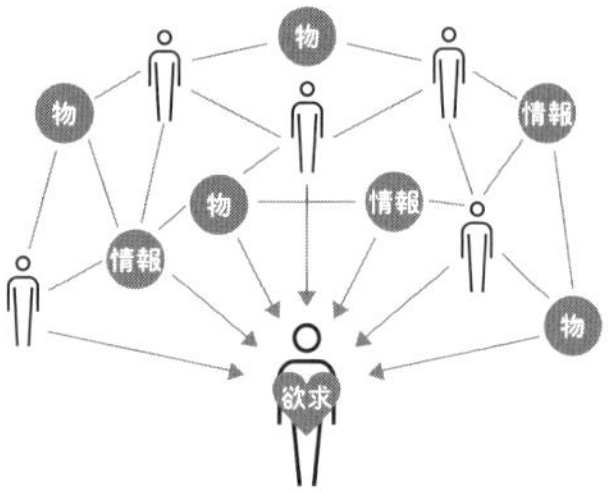 お祭り的な盛り上がりの中で、開放的な雰囲気を生み出し、楽しむことができるものが欲しい
行為		コスプレ	

間の街に紐づけられたＳＮＳ投稿や記事等の情報」「その場の感覚的な利用のために販売される物品」といった多様な「生活者・物・情報のつながり」があって初めて成立する、新しい経験なのである。

　このような若者たちの「ハロウィーンの夜に渋谷に集まる」の経験の在り方を踏まえれば、「渋谷でコスプレをしてハロウィーンを楽しむ」ことの根源にある欲求を明らかにしようと、個々の若者たちの人口統計的特徴、趣味嗜好、日常生活における価値観を詳細に調査しても、解像度の高い答えは得られないということがわかるだろう。「ハロウィーンの夜に渋谷に集まる」経験は、状況における多様な生活者・物・情報同士のつながりがあって初めて成立する、新しい経験だ。そこにおける欲求は、個々の若者の属性に影響を受けて生じるわけではない。若者たちは、「自分自身はこうだから」という自意識からコスプレをしたいと思うわけではないのだ。欲求は、若者の内部から発生しているわけではないのである。

　若者を突き動かす欲求は、「ＳＮＳネットワークでつながった仲間たち」や、「現実空間の街に紐づけられたＳＮＳ投稿や記事等の情報」「その場の感覚的な利用のために販売される物品」といった多様な生活者・物・情報同士のつながりに影響を受けて生じていると考えていい。生じている欲求を具体的な言葉で表すならば、「お祭り的な盛り上がりの中で、開放的な雰囲気を生み出し、楽しむことができるものが欲しい」というようなものになるだろう。

極端に言えば、その欲求を満たすものは、漫画やアニメの作品と関係がなくてもよいのである。例えば、ハロウィーンの夜の渋谷で、若者たちのネットワークにとって「コスプレ」よりももっと盛り上がれる「何か」があれば、若者たちはそれを選ぶ可能性が高いだろう。

若者がハロウィーンの夜の渋谷でコスプレをしたいと感じるのは、「ハロウィーンの夜の渋谷という、若者を取り巻く状況から生じた欲求を最も満たしてくれるものが、たまたま『コスプレ』だったから」なのである。

「生活者モード」の定義

つながるテクノロジーによる経験の変化によって、「生活者のネットワーク」が、「物と情報が結びついた環境」を、「感覚的」に選び、受容するという、新たな経験が現れ始めた。これに伴い、欲求は、「個々の生活者の属性」だけに影響を受けて生じていたところから、「生活者・物・情報のつながり」にも影響を受けて生じるようになった。このような、「生活者・物・情報のつながり」に影響を受けて生じる欲求のうち、生活者自身も気づいていないものを、我々は「生活者モード」と定義している。

従来、生活者の気づいていない欲求といえば、属性や趣味嗜好、日常生活における価値観といった、「個々の生活者の属性」に影響を受けて生じるものだった。それは、しばしば生活者の「インサイト」と呼ばれ、それに着目することが重要であると言われてきた。「ターゲットのインサイトを掘り起こすことが重要だ」といったような台詞は、どこかで聞いたことがあるのではないだろうか。

現代においても、インサイトを掘り起こすことが重要であることは、疑いようがない。今日も様々な企業がインサイトを明確化し、それを捕えることで成功を収めている。その前提の上で我々が提示したいのは、つながるテクノロジーの発展による経験の変化を考えると、「生活者インサイト」と同時に、「生活者モード」を明確化して捕えることも重要になってきているのではないか、ということだ。

生活者モードは、生活者の欲求を様々な視点から明確化し、捕えようとするときに考えられる、様々なアプローチのうちの一つなのである。

さて、ここまで読んできて、先のハロウィーンの渋谷の例で挙げているような、生活者モードが生じる状況は、自分たちにとっては稀なことであって、直近のビジネスにとっては重要ではないのではないか、そう思われる方もいるかもしれない。しかし、実際にはそんなことはなく、生活者モードが生じる状況は様々な場面に見つけることができる。現代において、生活者モードが生じる状況にはどのようなものがあるのだろうか。状況の種別について、整理していこう。我々は状況を、3つに種別している。

・状況の種別1「オケージョン」

本書では、生活者が行動する際の個々の場面を指す。

例えば、「料理」というオケージョンについて考えてみよう。料理の経験は一見、個人的なものであるように思える。価値観や趣味嗜好といった「個々の生活者の属性」に影響を受けて生じる生活者も気づいていない欲求、つまりインサイトが重要だと考えられがちだ。しかし、現代において、料理の経験は本当に「個人的」だろうか。また、料理の欲求に影響を与えるのは、本当に「個々の生活者の属性」だけだろうか。

　調理器具やキッチン家電を使いながら料理を作り、完成した料理を器に盛って食べる、という料理の経験について考えたとき、料理を作っているところや完成した料理を動画や写真に撮ってＳＮＳにアップする人は多い。ＳＮＳの向こう側には、その生活者のネットワークが存在する。料理の経験はネットワークに共有されている。料理の経験の主体は、生活者のネットワークだ。

　また、生活者が料理を作るときに使っているものは、物理的な調理器具やキッチン家電そのものではなくなってきている。料理を作る際にはレシピを見ながら作ることが通常だが、現代においては、物理的な調理器具やキッチン家電とレシピの情報とは、テクノロジーの発展によってどんどんつながってきている。スマートフォンで料理のレシピを見ながら、レシピの情報をフライパンや電子レンジに連携し、最適な加熱を行う、というような製品も登場してきているのだ。生活者のネットワークは、料理を作る「環境」を経験するようになってきていると言ってよい。

料理の仕方という観点では、従来のように「いかにおいしく作れるか」を意識して料理方法や作る料理を選ぶといったことだけでなく、「写真を撮ってＳＮＳにアップする」「一緒に料理をする仲間と盛り上がる」といった料理の「利用」を想定して料理方法や作る料理を選ぶという「感覚的」な料理の仕方も多くなってきている。

つまり、一見、「生活者個人」が「料理そのもの」を「意識的」に経験していると思える料理の経験は、現代においてはテクノロジーの進化によって、「生活者のネットワーク」が「料理とレシピがつながった環境」を「感覚的に」経験している場合も多くなっているのである。その経験において、欲求に強い影響を与えているのは、「男性か女性か」「好きな料理ジャンルは何か」といった「個々の生活者の属性」ではない。「料理を見せようとしているネットワーク上の仲間は誰か」「持っている調理器具に情報連携しているレシピは何か」といった、料理の場面に関係する様々な「生活者・物・情報のつながり」であるはずだ。料理というオケージョンから生活者モードが生じているのである。

・状況の種別2「時空間」

本書では、複数の生活者が現実世界で共有している特定時間帯の場所を指す。「金曜夜の新橋駅前」という時空間を想定してみよう。金曜夜の新橋駅前では、仕事帰りの会社員たちが多く行き交うが、彼らの手元のスマートフォンで見ることができるSNSサービスは、盛り上がっている同僚や友達の投稿であふれている。もちろん、自分自身もSNS上のメンバーに対して、例えば、「同僚や友人とこれから飲みに行くよ」といったことをシェアすることも多いだろう。ネットワーク化した主体がそこにはいる。

周囲には様々な飲食店があり、飲食店評価アプリを立ち上げれば自分の位置から近い飲食店をすぐに見つけることができる。生活者は、現実世界と仮想世界が結びついた飲食店のある環境を経験していると言えるだろう。これはお店が飲食店でなく、衣料品店や雑貨店でも同じだ。

そのような中で、例えば、待ち合わせて一緒になった同僚や友人と入る飲食店を決めるときは、味や接客についての情報収集はそこそこに、フランクに語り合う、という利用目的のための雰囲気が自分たちのフィーリングとマッチする店であればそこに入ると決める、といったことも多いのではないだろうか。その場で感覚的に入るお店を選んでいるということだ。

そこで生活者の欲求に強く影響を与えるのは、「年齢」や「お店の好み」といった、「個々の生活者の属性」ではなく、「その時間帯のＳＮＳにはどんな投稿がされているか」「その場所で情報検索するとどんなお店が出てくるか」といった、その時空間における「生活者・物・情報のつながり」の特徴になるはずである。「金曜夜の新橋駅前」という時空間から生活者モードが生じていると言える。

時空間の特徴は、以前から「空気」「雰囲気」などの言葉で表されてきた。しかし、現代においては、時空間は単純に現実の場所と時間ごとの特徴によってだけではなく、その場にいない生活者のネットワークと結びついたり、仮想世界の情報と連携したりすることで、生活者モードが生じる状況になっているのだ。

・状況の種別3「世の中」

本書では、非常に多くの人数の生活者が現実世界で共有している、影響が全国・世界に及ぶ大きなイベントや社会現象を指す。

例えば２０１９年のラグビーワールドカップ日本大会は「世の中」スケールで作り出された状況の典型的な例だ。

スタジアム、パブリックビューイング、テレビといったメディアでラグビーを観戦していた生活者たちは、その場での「感動」や「興奮」を、ＳＮＳなどを通じて自分のネットワークにリアルタイムで伝えた。

もちろん、自分たちが発信するだけではなく、他の人々が同時に発信しているＳＮＳの投稿も同時に受け取り、常にオンラインになっている状態で観戦時を過ごしていた人も多いはずだ。ラグビーというテーマで現実空間の試合と仮想空間の様々な感動や興奮が入り交じる環境があったと言える。

そのような環境の中で、多くの生活者が、ラグビーのルールをそこまで詳しく知らずとも、その場で盛り上がれるイベントとしてラグビーに関わる様々な商品やサービスを感覚的に利用していた。

当時の生活者の欲求に影響を与えていたのは、このようなラグビーワールドカップ日本大会における「生活者・物・情報のつながり」である。スケールが大きく、現実空間で大勢の生活者が関わる「世の中」の状況からも、生活者モードは発生しているのだ。

生活者の趣味嗜好、価値観が多様化した現在においては、「今後、大勢の生活者に受け入れられるような大ヒットはもう出現しないのでは」と考えてしまいがちだ。一方で、今でもラグビーワールドカップ日本大会のような「国民的イベント」はいくつも生まれており、それに関連した商品やサービスのヒットは続いている。この一見矛盾するような事実は、「現代においては、生活者の内部から生じる欲求とは別の、世の中の状況から生じた欲求が多くの生活者に共有され、生活者を突き動かすことがある」という考察によって理解できるようになるのである。

ここでは状況の種別をあえて3つに分けて紹介したが、実際には、一つのまとまった経験の中に複数の種別の状況が存在することもありうる。例えば「旅行」の経験であれば、旅行準備中は、個人で旅行先や移動方法について調べたり決めたりしている「オケージョン」が、生活者モードを生じさせる状況となるだろうし、旅行中は、家族や友人と一緒に行動するわけだから、その「時空間」が、生活者モードを生じさせる状況となる。

4 ― 生活者モードに関連の深いコンセプト

企業と生活者がつながっている状態に着目した「モーメント」

実は、生活者モードに関連の深いビジネス上のコンセプトは過去にもある。それは、企業と生活者がつながっている状態に着目した「モーメント」である。

この「モーメント」は、生活者モードが生じる「状況」と一見、類似している。「モーメント」の概念を活用してビジネスの変革を成し遂げた3つのケースを概観した上で、「状況」と「モーメント」の共通点と相違点を整理していこう。生活者モードについての理解を深めるための参考になるはずである。

・スカンジナビア航空の「モーメント・オブ・トゥルース」

「モーメント・オブ・トゥルース（真実の瞬間）」とは、ユーザーが商品やサービスの質を判断し、選択する瞬間を表す言葉である。スカンジナビア航空の元ＣＥＯであるヤン・カールソン氏が、自身の「顧客本位の企業づくり」を解説した著書『真実の瞬間』（１９９０年、ダイヤモンド社）の中で用いたことにより、マーケティングの用語としても広まった。

カールソン氏は赤字で苦しんでいた同社を、わずか1年の短期間で立て直すことに成功した。その変革の決め手となったのが、「モーメント・オブ・トゥルース」への着目だった。

カールソン氏が発見したのは、具体的には「航空機の利用者が航空会社全体の印象を決定づける要因は、最前線の従業員とのわずか15秒の対応である」ということだった。航空券の発券、客室乗務員との対話、荷物係の対応など、個々の15秒間というわずかな接客時間の中で、利用者の会社全体の評価、航空機の利用体験の満足度が決まる。もしも個々の現場で何か問題が発生したときに、従業員が上層部に対応を確認していたなら、利用者の判断時間15秒はムダに過ぎ去ってしまう。そこで、カールソン氏は、15秒間という「モーメント」に応じた柔軟な対応を可能にするために、現場の権限を積極的に従業員に委譲していったのである。

当時の企業の間では、企業本位の強力なメッセージを、メディアを通じて生活者へ一方的に伝えていくことが一般的だった。これに対し、自社が選ばれるためには、企業と生活者のつながった状態に着目し、そこで個々の生活者の欲求を的確に捕えることが重要であるとした「モーメント・オブ・トゥルース」は、同社のビジネスに変革をもたらす画期的なコンセプトであった。

・P&Gの2つの「モーメント・オブ・トゥルース」

Ｐ＆Ｇのアラン・ラフリーＣＥＯ（当時）は２００５年、顧客視点で徹底的に調査を行い、「ファースト・モーメント・オブ・トゥルース」と「セカンド・モーメント・オブ・トゥルース」という２つの重要な瞬間があることを提唱した。「ファースト・モーメント・オブ・トゥルース」とは、生活者が店舗で商品を購入しようとする際の瞬間である。そして「セカンド・モーメント・オブ・トゥルース」とは、生活者が家庭内で実際に商品を使う瞬間だ。同社は、この２つの瞬間において、利用者に的確に訴求するための商品開発や小売店での棚作りといった流通施策を行った。つまり、店舗や商品を通じて企業と生活者がつながっている際の生活者の欲求を積極的に明確化し、捕えることで、自社の商品が選ばれるようにしようとしたのだ。このコンセプトによって生み出された新商品やマーケティング施策により、同社の売り上げはV字回復を果たした。

・Googleの「ゼロ・モーメント・オブ・トゥルース」

インターネットが普及し、生活者の商品やサービスを購入する際の行動が大きく変化して以降も、「モーメント・オブ・トゥルース」のコンセプトは用いられている。

Ｇｏｏｇｌｅは２０１１年に、「ファースト・モーメント・オブ・トゥルース」の前に訪れる購買に強い影響を及ぼす瞬間として、「ゼロ・モーメント・オブ・トゥルース」を提起している。２０１１年にはインターネットが普及し、生活者は商品・サービスを購入・利用する前に検索エンジンを使って情報収集を行うことが一般的になってきていた。Ｇｏｏｇｌｅは、企業の商品が選ばれるためには、この検索エンジンによる情報収集の瞬間に、検索連動型広告等によって検索ワードにマッチする情報を提示することが重要だとした。検索エンジンによる情報収集という、企業と生活者がつながっているところに、検索ワードから生活者の欲求を明確化し、最適な広告表示を行うことでそれを捕えることが重要であるとしたのである。このコンセプトも後押しとなり、Ｇｏｏｇｌｅのインターネット広告は様々な企業に受け入れられ、２０１０年代に同社は爆発的な成長を遂げた。

「モーメント」と「状況」の違い

「モーメント」と本書で提示している「状況」は、生活者と商品・サービスが「つながっている」状態に着目しているという点では共通している。しかし、「どのように生活者と商品・サービスがつながっているのか」の観点で見ると、両者は若干異なる。

「モーメント」は、「ターゲットとなる生活者」と「自社の商品・サービス」の二者のみがつながっている状態に着目している。それは、３つのケースを改めて見返すことで具体的に理解することができる。

スカンジナビア航空は、「自社サービス利用者」がサービスを利用する際の「接客スタッフ」とのつながりに着目し、それを「モーメント・オブ・トゥルース」と呼んだ。Ｐ＆Ｇは、「店舗来店者」と「商品が置かれた棚」、「商品利用者」と「商品パッケージ」がつながりを持っている場面を「ファースト・モーメント・オブ・トゥルース／セカンド・モーメント・オブ・トゥルース」とした。Ｇｏｏｇｌｅは、「商品・サービスを比較検討している生活者」と「検索エンジン」とがつながる情報収集の場面を「ゼロ・モーメント・オブ・トゥルース」と規定した。いずれも、「ターゲットとなる生活者」と「自社の商品・サービス」との、何かしらのつながりがポイントだったのだ。

これに対して、本書で言う「状況」は、「ターゲットとなる生活者」と「自社の商品・サービス」の二者だけに閉じない、「ターゲット以外も含めた様々な生活者たち」と「他社を含めた様々な商品・サービス」がつながっている状態に着目している。

「生活者のネットワーク」が、「物と情報が結びついた環境」を、「感覚的」に選び、受容するようになった現代においては、着目するべきなのは「ターゲットとなる生活者」だけではない。企業が相対していると考えている「ターゲットとなる生活者」は、今や常にＳＮＳを通して他の人々とつながっている存在になっている。逆もしかりで、企業が「ターゲットでない」と考えている生活者も、「ターゲットとなる生活者」とつながっており、ＳＮＳを介していつでも企業の振る舞いに触れることができる。

また、「自社商品・サービス」とのやり取りだけを考えるというわけにもいかない。物や情報がテクノロジーによって簡単に結びつく現在、自社商品・サービスだけで生活者が求めるものを提供することはますます困難になってきている。

テクノロジーの発展によって変化した生活の中では、「ターゲットとなる生活者」と「自社の商品・サービス」だけでない、様々な要素がつながっている状態を想定する必要があるのである。

CHAPTER

02

成功事例に生活者モードが見える

つながるテクノロジーの発展によって、現代の生活には「誰が経験するか」「何を経験するか」「どのように経験するか」の観点で従来にはない変化が起きている。生活における経験の主体は、「生活者のネットワーク」に拡張し、経験の対象は「物と情報が結びついた環境」に変化し、経験の仕方は「感覚的な」選択、受容になった。変化した生活での欲求は、「生活者・物・情報のつながり」に影響を受けて生じるようになり、そのうち生活者自身も気づいていないものを、本書では「生活者モード」と定義した。前章の内容をまとめると、このようなことになる。

ここからは、昨今のビジネスの成功事例を紹介しながら、それらが捕えていたと考えられる生活者モードを、テクノロジーによる経験の変化や、それによって現れた「生活者・物・情報のつながり」について考察しながら明らかにしていく。

今回紹介する事例を取り上げた狙いについて補足しておこう。5つの事例は、最新のテクノロジーを活用している、というような視点や、トレンドのコンセプトで大々的なキャンペーンを行った、というような視点では選んではいない。

各事例を取り上げたのは、それぞれの事例が、生活者モードを捕えていると考えたからだ。つながるテクノロジーの発展によって生活者の経験が変化する中で、

「生活者・物・情報のつながり」に影響を受けて生じる、生活者の気づいていない欲求を捕えた結果、ビジネスが成功した。そのように推察できることを重視した。

事例についての分析は、生活者モードを明確化し、捕える戦略策定のための示唆となる。ぜひそのような視点で、それぞれの企業が向き合っていた「生活者・物・情報のつながり」を想像しながら、読み進めていただきたい。

1 ─ 映画館の新たな価値を生み出した『ボヘミアン・ラプソディ』

まずは、日本では、社会現象と呼ばれるほどのヒットとなった映画『ボヘミアン・ラプソディ』（２０１８年）である。

同作の英国での公開は２０１８年10月。約半年後の２０１９年４月には、世界興行収入は１０００億円を超える大ヒット映画となった。日本での興行収入は１３０億円を超え（２０１９年５月現在）、国内上映作品の歴代興行収入ランキング18位に位置する（２０２０年４月12日、興行通信社調べ）。当初、音楽や映画の専門家からは厳しい批評があっただけにこのヒットを意外と受け止める向きも多かった。

・パッケージソフトの発売後も映画館に足を運んだ

『ボヘミアン・ラプソディ』
日本限定アルティメットBOX〈4K ULTRA HD＋2Dブルーレイ＋DVD／3枚組〉〔数量限定生産〕発売中／デジタル配信中

発売：ウォルト・ディズニー・ジャパン
※2020年9月時点

世界的な大ヒットの中でも、特に日本での「熱狂」は、社会現象として話題となった。ロングラン上映、何回も見に行くファン、途絶えることのないインターネット上での感想や感動の書き込み。イベントや映画祭での上映は、公開1年が過ぎても「目玉作品」として続いている。Ｂｌｕ－ｒａｙやＤＶＤなどパッケージソフトの販売やインターネット上での配信が始まっても「映画館で見る」ことにこだわる観客によって上映が重ねられているのだ。

ヒットの要因として、まず思い浮かぶのが、絶大な人気を誇るロックバンド「クイーン」の伝記映画であるという点だ。

だが、『ボヘミアン・ラプソディ』は人気

ロックバンドの伝記映画であるという理由だけで、社会現象にまでなったのだろうか。

我々は『ボヘミアン・ラプソディ』が社会現象化した過程を明らかにするため、デジタルマーケティングを専門とするスパイスボックスに取材を行い、同作品のSNS上の投稿の推移について聞いた。スパイスボックスの松原貴子氏によると、同社の調査手法「ソーシャルトライブ調査」から、TwitterとFacebookでの『ボヘミアン・ラプソディ』に関連する投稿の数が公開1週間前から2019年11月上旬までの間で大きく変化していることが明らかになっているという。その変化を示したのが左のグラフである。

●スパイスボックスはソーシャルメディアを通して、人が人に思いや考えを伝えるソーシャルコミュニケーションに着目。独自の「ソーシャルリスニング」によって、ソーシャルメディア上のトレンドを抽出し、そこで「語られる」コンテンツと情報流通経路を設計し、企業と「生活者」との間につながりを生み出すコミュニケーションを構築するデジタルマーケティングを提案している。

調査手法に用いた「ソーシャルトライブ調査」では、ハッシュタグなどをもとに、企業・ブランドと関連性の高い投稿データを抽出。投稿の中で話題になっている事象や文脈を分析し、特定の属性を持つ人の集まり「トライブ」を可視化する。

エンゲージメントの推移／投稿の変化

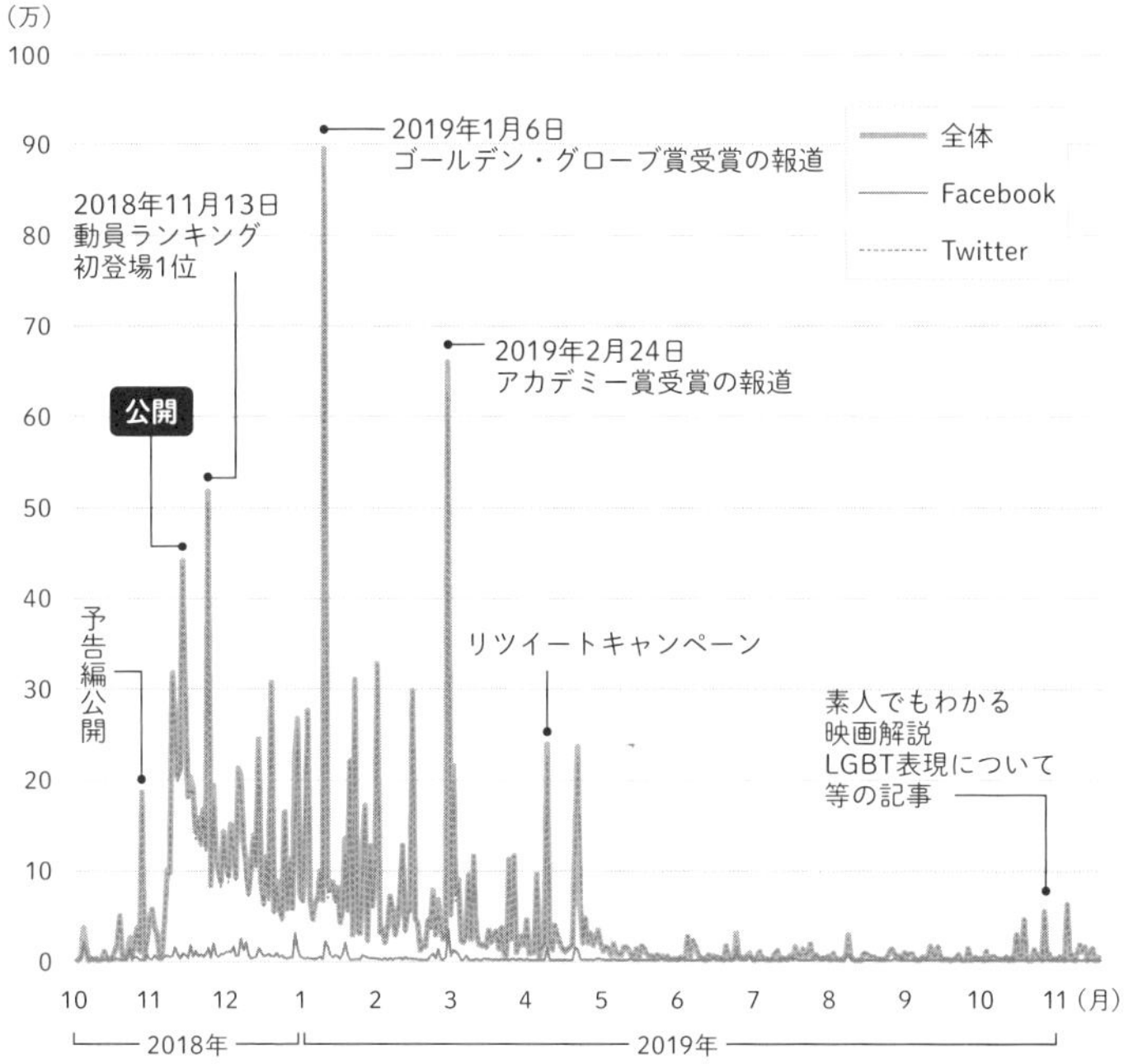

公開1カ月半前から2019年11月上旬までのボヘミアン・ラプソディに関連する記事、投稿のエンゲージメントの推移は以下の通り。時期により、投稿者・反応ユーザー共に属性の変遷が見受けられる。

提供／スパイスボックス

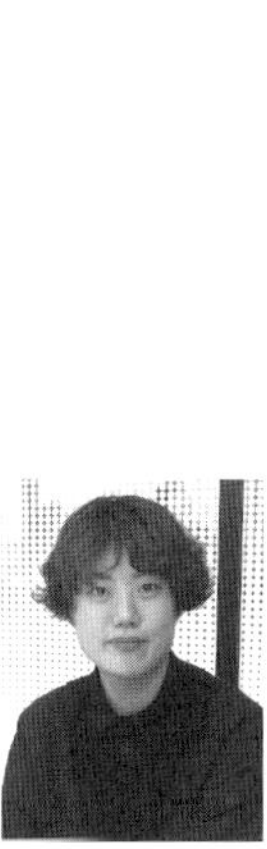

スパイスボックスの松原貴子氏

・SNSのエンゲージメントに表れた4つの波と3つの「トライブ」

松原氏は、この投稿数の変化と、加えて投稿された記事やコメントの内容を分析し、２つの点に注目したという。まず一点目は、ＴｗｉｔｔｅｒとＦａｃｅｂｏｏｋでの『ボヘミアン・ラプソディ』に関連する投稿の数には、時系列で見たときに４つの波があることだ。

(A) 2018年11月13日　「国内動員ランキング初登場1位」のニュースへの反応。
(B) 2019年1月6日　「ゴールデン・グローブ賞受賞」のニュースへの反応。
(C) 2019年2月24日　「アカデミー賞受賞」のニュースへの反応。
(D) 2019年11月　公開後1年を過ぎても話題が取り上げられている。

そしてもう一点は、投稿したり、その投稿に反応したりしているユーザーが、特定の属性を持つ人のグループ（「トライブ」）に分けられることである。

①「リアル世代懐古層」……リアルタイムでクイーンに触れていた世代。バンド

や楽曲、フレディ・マーキュリーに対する関心があり、早くから映画に注目していた。

②「カルチャーコア層」……映画や音楽などカルチャー全般に興味がある。クイーンに特別な思いや興味があるわけではないが、「見ておくべき映画」の情報に関心が高い。

③「カルチャーライト層」……情報に対する反応やそれに伴う行動がライトなトライブ。

3つのトライブのうち、「カルチャーライト層」については、さらなる説明が必要だろう。「話題になっている」「面白そう」「盛り上がれるかも」などと対象に興味を持ち、実際に自分も「体験」しようとする。その対象に食わず嫌いをしないのも特徴で、スポーツイベントや音楽フェス、ハロウィーンといった一体感を得られるイベントに関心が高い。世代的にも若く、クイーンについては名前を知っている程度、もしくは映画が話題になるまで知らなかったと考えられる。

この「カルチャーライト層」を、松原氏は「優良にわか」であると特徴付ける。

「話題だから」「面白そうだから」と新規参入してくる「にわか」ではあるが、「リアル世代懐古層」や「カルチャーコア層」といったコアな層から「優良なにわか」として歓迎されていることに着目した言葉である。

・成功の要因はカルチャーライト層を巻き込んだこと

松原氏によると、それぞれの投稿数の波において、どのトライブがどのように反応していたかをさらに分析していくと、カルチャーライト層が動いたことで観客動員が増えたことがわかるという。

まず、作品の予告公開から本編公開、「国内動員ランキング初登場1位」のニュース配信までの間に、「リアル世代懐古層」が「楽曲やフレディ・マーキュリー、楽曲を聴いていた時代を映画館で再体験できた」と、感動を発信。ゴールデン・グローブ賞受賞ニュースの配信時には、「カルチャーコア層」が反応し、映画館に足を運んだこの層が、作品を鑑賞する上での様々な切り口を紹介、「感動」「圧巻」という感覚的な言葉を使いながら、「映画館での鑑賞体験」を勧めた。

これらの情報が行き交う中で、アカデミー賞受賞という大きなニュースが流れ

時期別属性の変化

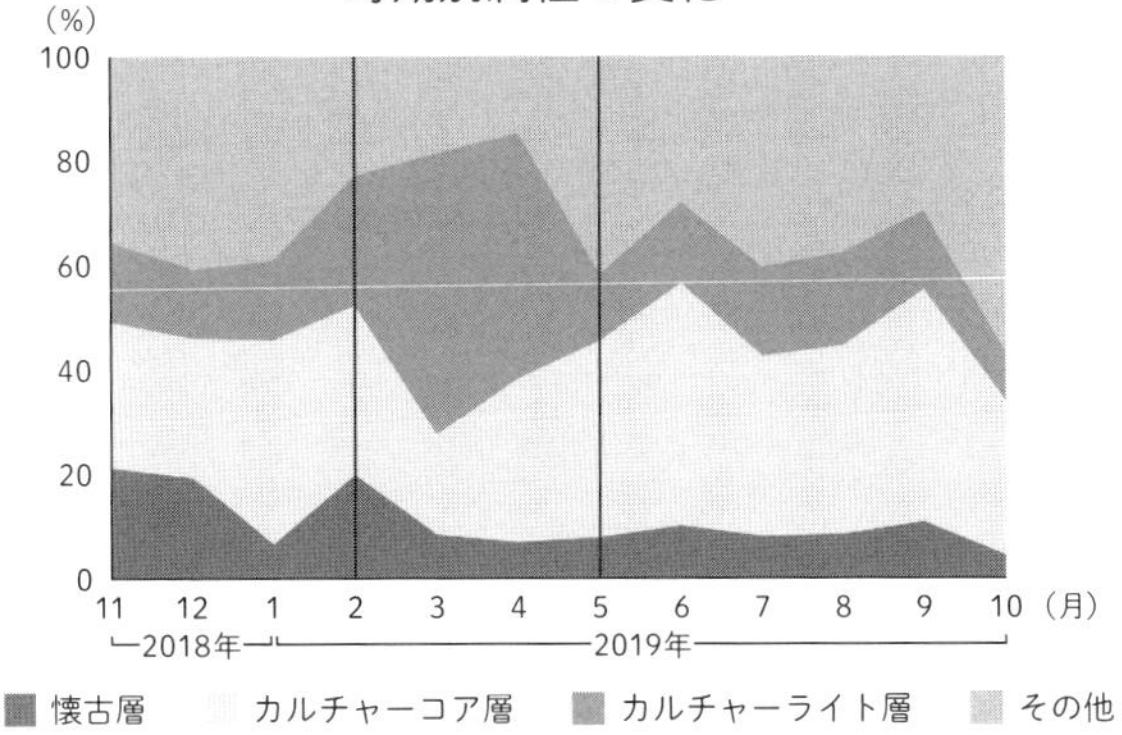

全体の投稿を100%としたときの属性（トライブ）の割合。懐古層とカルチャーコア層からカルチャーライト層にエンゲージメントの比重が移動している。　提供／スパイスボックス

ると、「カルチャーライト層」が一気に動き出す。「カルチャーライト層」は、常に「盛り上がれる」「一体感を持てる」対象を探し、自分もそれを経験しようとする。そして実際に映画館で作品を鑑賞すると、「感動」をＳＮＳで発信、さらなる「カルチャーライト層」を映画館へと向かわせた。

また、公開後１年を過ぎてからは、主に「カルチャーコア層」が、「フレディの猫好き」「ＬＧＢＴ表現」といった作品に対する「新たな気づき」を拡散している。

「リアル世代懐古層」が先導し、「カルチャーコア層」が続き、「カルチャ

ーライト層」にまで至ることで、社会現象となるまでのヒットとなる。この流れを見ると、「優良にわか」なカルチャーライト層をいかに動員するかが、成功の重要な要素となっていたことがわかるのだ。

・カルチャーライト層の間で広がっていた、新しい映画鑑賞のかたち

さて、ここからが本書のキーコンセプトである「生活者モード」を踏まえた考察だ。

カルチャーライト層の映画鑑賞の在り方を見てみると、それは前章で説明したような、つながるテクノロジーによって新たに現れた経験であることが明らかになってくる。

まず、経験の主体としての「カルチャーライト層」について考えてみよう。この層は、専門家による映画批評を詳細に読み込むことよりも、実際に作品を見たり体験したりした自分たちの感想を「リアル」と受け止め、信用するという特徴を持つ。

アカデミー賞受賞等のニュースは、記事そのものは読まずにニュースサイトの

高エンゲージメントの要因

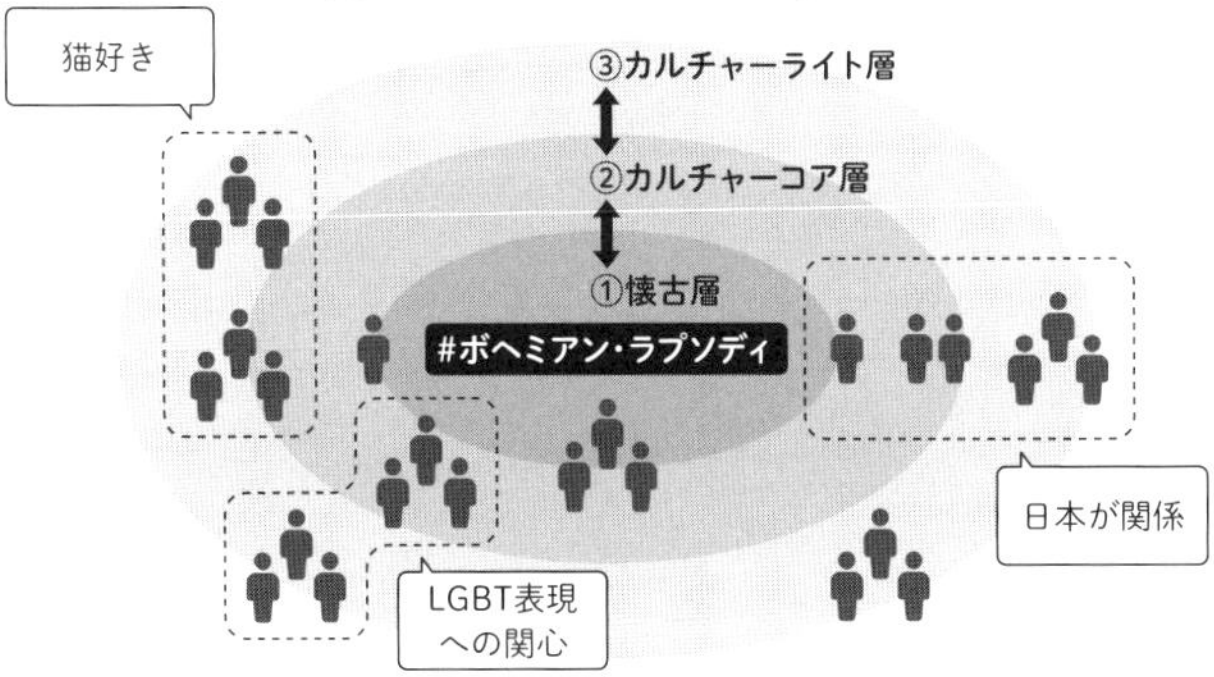

クイーンにより近しいリアル世代懐古層から盛り上がるイベントごとや、ライトにカルチャーを消費することが習慣になっている層へ相互に影響しあって盛り上がりが生まれていく。
提供／スパイスボックス

ヘッドラインだけ、またはニュースに寄せたコメントだけを「押さえ」として読み、映画を見に行くか行かないかは、実際に映画館に足を向け、映画を体験した仲間のＳＮＳ投稿やリアルな仲間うちの会話の内容で決める。もちろん、自分たちも積極的に映画の感想をＳＮＳにシェアしていく。そのようなネットワークとしてのカルチャーライト層が、映画鑑賞の主体だ。

ではカルチャーライト層は映画鑑賞において何を経験しているのだろうか。彼らは、「映画作品」を経験しているだけにとどまらない。

昨今の映画ビジネスで『ボヘミアン・

ラプソディ』に限らず特徴的になっているのは、立体音響技術「ドルビーアトモス」などの高性能な設備の整った映画館や、音楽ライブ用の音響セッティングをフルに使って大音響で映画を上映する全国の「爆音映画祭」が多くの観客を動員していることだ。観客の多くはカルチャーライト層だ。音楽フェスティバルと同じような感覚で、仲間うちで盛り上がることで、音楽映画を楽しんでいると考えられる。基本的には配給会社が高性能音響設備に対応した上映作品データを配給し、高性能な音響設備を持つ映画館がその設備を活用して上映したものなので、統合のレベル感としてはそこまで高度なものではないものの、カルチャーライト層は、情報としての映画作品だけではなく、映画作品と物理的な上映空間とが結びついた、映画を楽しむ環境を好んで経験していると言ってよいだろう。

そのような中で、映画を楽しむ環境をどのように経験しているのだろうか。カルチャーライト層の映画鑑賞における選択と受容の仕方は非常に感覚的だ。どんなストーリーか、誰が出演しているかについて、そこまで深く吟味はしない。ストーリーの内容を細かく覚えて「自分のものにする」意識も他の層に比べて低いと考えられる。どちらかというと、音楽や映像に圧倒的な凄みがあるか、仲間で盛り上がれるか、ＳＮＳにアップしてよい反応が得られるか、そして自分のいる場所から行きやすい映画館で上映しているか、といった観点から、そのときの気分で鑑賞する映画を決めることも多い。

この点において、「リアル世代懐古層」や「カルチャーコア層」の選択・受容の仕方は、作品に関する情報収集から始まっており、意識的だと言える。また作品そのものを鑑賞している傾向も強い。結果、『ボヘミアン・ラプソディ』に関して言えば、この2層のＳＮＳへの投稿は、映画鑑賞後、じっくり時間をかけて考察したレポート風が多かったという。映画体験後、即座に「感動」を投稿した「カルチャーライト層」との違いが出ている。

・映画鑑賞における「映像や音楽のクオリティが圧倒的に高い映画を見たい」という生活者モード

映画の評判を常にＳＮＳ上でやり取りする「ネットワーク化した」生活者が、情報としての映画作品と物理的な上映空間が結びついた「環境」を、その時々の気分で「感覚的に」選択・受容するという、カルチャーライト層の映画鑑賞。そのような映画鑑賞の経験が成立するには、ＳＮＳネットワーク上の仲間たち、大画面のスクリーンや高音質な音響設備、様々な映画の中から自分の気分に合った作品をレコメンデーションしてくれるエンタメメディアといった様々な要素から構成される「生活者・物・情報のつながり」が必要不可欠だ。それに影響を受けて生じていたのは、「仲間にわかりやすく作品の良さを伝えられる、映像や音楽のクオリティが圧倒的に高い映画を見たい」という、カルチャーライト層自身も気づいていなかった欲求だろう。せっかく映画館に行くのに、ＳＮＳで仲間に感動を伝えるハードルが高い上に、家のテレビでＤＶＤやビデオオンデマンドサービスで見れば事足りる「面白いストーリーの映画」を見ていてはつまらない。仲間にわかりやすく感動を伝えることができて、臨場感のある視聴ができる映画館で初めて作品を十分に味わえて、かつその場の気分で見ようと決めることができる「映像や音楽のクオリティの高い映画」を見たい。そのような欲求が、カルチャーライト層には発生していたのではないだろうか。『ボヘミアン・ラプソディ』が大きなヒットになったのは、それが、カルチャーライト層を取り巻く映画鑑賞の状況から生じた、生活者モードを捕えていたからだと考えられるのである。

2 – プレイリストで音楽の聴き方を変えた「スポティファイ」

定額料金で使い放題となるサブスクリプションモデルの先頭ランナーとして注目されているのが、音楽ストリーミングサービスの「Ｓｐｏｔｉｆｙ（スポティファイ）」だ。

スポティファイはスウェーデン発祥のサービスで、現在、世界79の国と地域で、サービスを展開している。アーティストのアルバムを聴くというより、特定のテーマに合わせて音楽を集めたプレイリストを聴くというスタイルを広げてきたのが特徴だ。

世界規模で見ると、月1回以上利用しているアクティブユーザーが

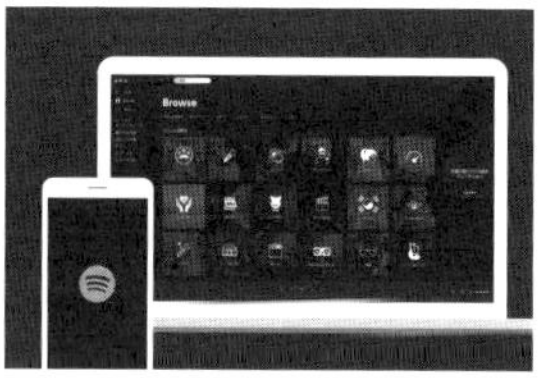

●Ｓｐｏｔｉｆｙ／スウェーデンの企業スポティファイ・テクノロジーが運営する音楽ストリーミングサービス。パソコン、スマートフォン、タブレット型端末、ゲーム機などの電子端末に対応する。日本では2016年9月にサービスが開始された。

2億8600万人。サービスは無料でも利用できるが、付加的なサービスを利用できる有料会員は1億3000万人に上っている。実に半数近くが有料会員となっており、コンバージョン率が高い点でも注目を集める。

日本でも井上陽水氏や松任谷由実氏、宇多田ヒカル氏、嵐といったアーティストが新たにストリーミング配信を開始しており、アクティブユーザーが急速に増えている状況だ。日本のユーザーの年齢層は10代から70代と幅広いが、中心ゾーンは20代後半で、男女比はほぼ半々。約85%がスマートフォンで利用している。

・人気の広がりのカギを握る「プレイリスト」

そして大きな特徴と言えるのが1日の利用時間で、平均で134分に至っている。日本で「スポティファイ」を運営するスポティファイジャパンのコンテンツ統括責任者・芦澤紀子氏によると、ユーザーは朝起きてすぐにスポティファイで音楽を聴き始め、通勤・通学の時間、休み時間、友人らと一緒の時間、食事の時間など、就寝するまでの間に何度も継続的に音楽を聴くのだという。時間帯や場所、天気、季節、行動内容、コミュニティにおける自分（たち）の気分に応じて

●プレイリスト／スポティファイのプレイリストは、スポティファイのエディトリアルチームが作成するもの、AIが視聴傾向や視聴履歴をもとにユーザーの好みを分析して作成するもの、アーティスト自身が作成するもの、企業やブランドが作成するもの、ユーザーが作成するものなど多様なかたちがある。エディターが編集する場合でも、曲のどの場面でスキップされたか、リスナーが最後まで聴き通す確率がどれくらいか、リスナーが自分のライブラリーに保存する確率がどれくらいかなどのデータをもとに、選曲は微妙に調整され、曲順も変更される。エディターの感覚だけで編集されているわけではない。

プレイリストを選択・受容している。特定のアーティストの音楽を聴きたいわけではなく、そのときの気分に合った音楽を聴きたいという欲求をユーザーが抱えたときに、テーマに沿って編集されたプレイリストの利便性は高く、その手軽さがユーザーの高い支持を集めているのだ。

ユーザーがアーティストを意識することなく、気分に応じてプレイリストを選択・受容しているとはいえ、プレイリストから特定のアーティストがブレイクする事例は生まれている。「マリーゴールド」などのヒット曲を持つあいみょん氏、４人組ピアノＰＯＰバンド、Ｏｆｆｉｃｉａｌ髭男ｄｉｓｍなどはその典型と言えるだろう。芦澤氏はこう説明する。

「ストリーミングを利用すれば、何度でも何曲でも音楽を聴けます。曲を気に入って何回か聴いていると、そのアーティストの他の曲も聴きたくなるものですが、それが簡単にできる。手軽にアーティストを深掘りできるわけです。プレイリストで曲と出会い、アーティストの曲を聴き重ねていくうちに、そのアーティストを好む度合いが強まっていく。こうやってプレイリストか

スポティファイジャパンのコンテンツ統括責任者、芦澤紀子氏

ら特定アーティストのヒットが生まれていくのです」

・「プレイリスト」のヒットの裏にある、新しい音楽視聴のかたち

プレイリストで曲を聴くという行為について考察していくと、ここでもまた音楽視聴という生活の一領域の経験が、つながるテクノロジーによって新しくなっていることが浮かび上がってくる。

まず、音楽の経験の主体を見てみよう。スポティファイの特徴の一つとしてＳＮＳで楽曲をシェアできる仕組みがあるが、スポティファイに限らず、ユーザーは自身の様々なネットワークを通じて、音楽をストリーミングサイトや動画サイトのＵＲＬ等によってそのまま共有している。現代において誰かが音楽を聴くということは、ネットワークでつながった他の人々もその音楽を聴く可能性があるということだ。音楽を楽しむ経験の主体は、生活者のネットワークといっていいだろう。

経験の対象はどうだろうか。現代において音楽視聴の主要な形式となりつつある音楽ストリーミングは、最近では「スマートスピーカー」を経由してストリー

ミングされることも増えている。また自動車のＢｌｕｅｔｏｏｔｈ機能付きカーオーディオとスマホを連携させたり、自動車の車載システムに最初からスポティファイのアプリケーションが入っていたりすることで、自動車の中でスポティファイを聴く、ということも可能だ。生活者は、音楽という情報そのものをスマートフォンやＰＣ等の２次元ディスプレイから選んで聴くだけでなく、音楽を家や自動車の中のスピーカーという物と直接結びつけることで、音楽がある環境を経験している。

経験の仕方については、第１章で説明した通りだ。ＣＤで音楽を楽しんでいた時代の音楽視聴とは違う。メディア等から情報を入手し、アーティスト名や楽曲名を意識して音楽を選択・受容しているのではなく、プレイリストを介してアーティスト名や楽曲名を意識せずに、そのときの気分に合わせて、ともすれば自動的に楽曲を選択・受容しているという点において、感覚的であると言える。

・音楽視聴における生活者モード「その場にあった雰囲気を音楽によって作りたい」

アーティストにこだわって音楽を楽しむわけではなく、朝、自宅で起床したとき、通勤電車に乗っているとき、家族でドライブをしているとき、仲間と一緒にホームパーティをしているときなど、そのときの自分自身の気分や、家族・仲間といった自分のネットワークと共有したい気分に合わせて音楽を楽しむ。それも、いちいち２次元ディスプレイで曲を選ぶといったことはせずに、スマートスピーカーに一声かけるだけで音楽が流れるような環境を楽しむ。そのような現代の音楽視聴の経験の成立において、非常に重要になるのは「生活者・物・情報のつながり」だ。音楽を共有する相手、音楽を流すデバイス、音楽を選ぶためのキュレーションやレコメンド。状況におけるそれらのつながり方が変化すれば、音楽の経験もそれに合わせて変化していく。スポティファイは、そのような「音楽を聴く状況」から生じる、「その場にあった雰囲気を音楽によって作りたい」という欲求を、「プレイリスト」をコアにした音楽体験の提供によって捕えたのだ。

３ 働く人の感情のゆらぎに応える「無人コンビニ６００」

次はオフィスやマンションで広がる「無人コンビニ６００（ろっぴゃく）」の事例を分析・考察しよう。

「無人コンビニ６００」は常温・冷蔵対応のショーケース型「無人コンビニ」だ。使い方を説明すると、ユーザーはショーケースの中に欲しい商品があったら、まずクレジットカードを決済端末に通す。するとショーケースのドアが開き、欲しい商品を取り出せるようになる。商品を取り出すと、決済端末にその商品と価格が表示されるので、画面表示に従って決済をする。こういう仕組みだ。

ショーケースに格納される商品は60～１００品。「６００」を設置するオフィスやマンションの要望に応じて品揃えは決まり、商品は在庫状況に応じて週１～２回程度、補充される。飲料や食品だけでなく、文房具や日用品も扱い、コンビ

●無人コンビニ６００
１００社１００通りの品
揃えを実現するキャッシ
レス型無人コンビニとし、
２０１８年６月にサービ
を開始。徒歩１分圏内、「半
径50ｍ」を商圏とする新
いビジネスだ。

ニエンスストア（コンビニ）同様、商品カテゴリーは広い。商品にはＩＤ情報を埋め込んだＲＦＩＤタグが付けられており、消費期限や購買データが管理されている。

「無人コンビニ６００」の現在の設置数は、都内中心のオフィスやマンションに約１００台。今後もさらに増えていく見込みだ。

・半径50ｍ、徒歩1分。オフィスの真ん中にあるコンビニ

「無人コンビニ６００」の設置が広がっている理由はいくつかある。まず一つは、「半径50ｍ、徒歩１分」圏内に設置されていて、欲しいときにすぐ買えるという利便性の高さだ。

一般的にコンビニの商圏は半径５００ｍと言われる。スーパーの商圏は半径５０００ｍ。「無人コンビニ６００」は、コンビニの10分の１の規模の商圏で展開するビジネスというわけだ。

コンビニの10分の１という近さゆえ、商品の売れ方にもコンビニとは違う特徴がある。例えば、設置しているオフィスの従業員が忙しいときに商品がよく売れ

る。コンビニまで行く時間も惜しいという事情があるだろう。また、午前中はプロテイン飲料など「これから頑張ろう」という気持ちに応える商品が売れる。同じ人が同じ時間帯に同じ商品を購入するような例も見られる。ユーザーは「自宅の冷蔵庫を開けるような感覚」で購入しているようだ。

成功を収めているもう一つの理由は、「無人コンビニ６００」がオフィスでいえば勤務スペースの真ん中、マンションならばロビーやカフェスペースなど交流の場に設けられている点だ。「無人コンビニ６００」がコミュニケーションのハブになっているのである。この点で、奥まったスペースに置いてあることの多い自動販売機とは違う。

コミュニケーションのハブとして、どのように利用されているのか。６００の代表取締役、久保渓氏は次のように説明する。

「マンションでは、子育て世代の方が幼稚園などのお迎えの後に、ロビーやカフェスペースで井戸端会議をよくするようですが、その際にコーヒーを飲んだり、お菓子を食べたりするようです。コーヒーカプセルやクッキー、ド

代表取締役の久保渓氏

ーナッツなどがよく売れます。オフィスだと、６００の周りでスナックを食べながら簡単な会議をすることもあるようです。また、違う部署の人たちが集まって情報交換をする場にもなっているようです。マンションのケース、オフィスのケースともに、６００の周りに人が集まってくる。６００がコミュニティ形成に携わっているのではないでしょうか」

そして、もう一つ「無人コンビニ６００」が支持されている理由として挙げられるのが、コンシェルジュサービスの存在だ。これはユーザーがＬＩＮＥやＳｌａｃｋなどのチャットツールを通じて、６００のスタッフである「コンシェルジュ」に対して、品揃えなどの要望を伝えられるというサービスである。ユーザーからは、例えば炭酸飲料ならば、炭酸の強さ、フレーバーなど細かなスペックにこだわった要望が届くという。６００はそれを受けて、品揃えを調整する。

このコンシェルジュサービスで注目したいのは、コンシェルジュとオフィスのユーザーたちとの間で、商品のリクエストやそれに対するレコメンドがやり取りされることで、無人コンビニの品揃えは、設置されたオフィスやマンションのユーザーが求めるものに動的に変化していくという点だ。久保氏は次のように説明する。

「花粉症の時期ならマスク、暑くなったら炭酸水といった季節商品のリクエストが基本としてある。他にも個別の事情が多数寄せられ、例えばオフィスであれば、『仕事がうまく行ったときのご褒美に』と、高級チョコレートがリクエストされ、納入したこともあります。１房２７００円のマスカットがリクエストされたときは、『みんなで食べて楽しかった』とのフィードバックもありました。６００の周りに集まった人たちのコミュニケーションから要望が具体化していくことも多いようです。また、『社内のチャットで、この商品が話題になった』と、ユーザーからスクリーンショット入りで連絡をもらうこともあります。マンションではコーヒーに合わせたお菓子類の要望をいただくことが多いですね」

・テクノロジーによって変化する「オフィスで働く」という経験

「無人コンビニ６００」のユーザーである従業員たちの「オフィスで働く」という経験に注目して、この事例を本書の視点から考察してみよう。

最初に経験の主体は誰か。これはまずオフィスの時空間を共有した人たちであると言える。だが、単に時空間を共有しているだけではない。オフィスの従業員たちは、社内のチャットツールや、ＳＮＳのグループなどを通じてネットワーク化している。従業員のネットワークでは、それぞれが取り組む仕事の内容や、従業員たちの個人的なニュース、ちょっとした世間話まで、様々なテーマで情報がやり取りされているだろう。これらのことから、経験の主体は、オフィスという時空間を共有しながらネットワークでもつながった従業員たちと言える。

次は経験の対象だ。現代のオフィスは、仕事をするただの物理的空間ではなくなってきている。「受付のタブレットでアポイントの概要を入力すると、アポイント先の社員に通知が行き、入館のためのカードが発行される」「ある時間帯で会議室をオンラインで予約したら、それに連動するかたちで、その時間に実際の会議室のドアにある機器にＩＤカードをかざすことで会議室を利用できるようになる」といったようなオフィス管理システムの導入は、今やかなり進んできている。従業員たちは、単純にオフィスの物理空間を経験している、というよりは、物理空間と情報システムが結びついた働く環境を経験するようになってきていると言えるだろう。

では、経験の仕方はどうだろう。オフィスで仕事をしているところに、物や情報を届けるビジネスは多くある。近年は新たなビジネスの場として注目されていることもあり、オフィス向けの販売機器の設置や、そこから収集できるデータを物流の仕組みに生かすといった取り組みも多くされており、テクノロジーによって、オフィスにはより多くの物や情報が届くようになっていると言えるだろう。そのような中では、忙しい従業員たちは、大量の物や情報の中から一つ一つ吟味して選んでいる時間はない。物や情報の多くは、感覚的に選ばれていく。

このように、昨今の「オフィスで働く」という経験は、テクノロジーの影響を受けて経験の主体、対象、仕方の観点で変化しているのである。

・オフィスにおける「かすかな感情の機微に応えるものが欲しい」という生活者モード

テクノロジーによって変化した「オフィスで働く」という経験は、従業員、オフィスの物理空間、オフィスや仕事に関わる情報といった「生活者・物・情報のつながり」があって初めて成立している。オフィスで働く従業員たちの欲求は、この、生活者・物・情報がつながっている「オフィスで働く状況」から発生する、と言ってよい。それは、「オフィスでのかすかな感情の機微に応えてくれる何かが欲しい」という欲求だ。これが、この成功事例における生活者モードだと言える。

「ＳＮＳのグループへの投稿で同僚に子供ができたと知ったから、お祝いにちょっとしたお菓子を渡したい」「5分後に来客が会議室に到着するという通知がきたから、もてなしのためにおすすめの飲み物を持っていって迎えたい」。例えばこういった、オフィスの状況から発生した、かすかな感情の機微。その心の揺れ動きにマッチした商品をその場で提供する小売りサービスは、実は少ない。ネット通販では、注文はすぐにできるが、商品が届くまで時間がかかる。コンビニに行くには、５００ｍ程度歩く時間がかかる。その頃には、湧き起こった感情はどこかに流れ去ってしまっている。

「無人コンビニ600」は、社内コミュニティで話題になるような無人の売り場をオフィスの真ん中に設置し、さらにコンシェルジュサービスによる商品のリクエスト対応やレコメンデーションサービスによって、売り場の商品を動的に変化させていくことで、そのような欲求を見事に捕えている。

4 – デジタル×リアルで「生のコミュニケーション」を実現した「NOIN」

次の事例は化粧品プラットフォームの「NOIN」だ。当初、化粧品の比較サイトだった「NOIN」は、2018年8月に化粧品EC事業に進出。国内外約400ブランド、約6000種類の商品を取り扱い、1年後には、流通総額が8億円を突破した。

・人気を支える「生」のコミュニケーション

NOINの成功の理由の一つは、大手メーカーの製品も含む取り扱い点数の多さで、それらを比較検討できる点がユーザーに支持されている。近くに大きな化

●NOIN／2017年10月にスマートフォン用アプリケーションのダウンロード配信を開始。2018年8月からはECプラットフォームとして商品販売を開始した。2019年7月にはアプリのダウンロードが200万を突破。ユーザーの平均年齢は20歳前後で、都市部より地方が多い。

粧品取扱店がなくても、ＮＯＩＮを使えば、豊富な品揃えの店舗にいるような感覚で、納得するまでショッピングを楽しめる。しかし、人気を支えているのはそれだけではない。

重要なポイントは、ＮＯＩＮのユーザーがスタッフに対して「仲間意識」を持ち、それがＮＯＩＮへの「信頼」へとつながっている点だ。

例えば商品のレビューを見ると、写真やプロフィールとともに数人のスタッフが登場し、いわゆる女子トークでレビューが展開されていくものがある。これが、ユーザーがスタッフに対して仲間意識を持つポイントの一つである。ノインＣＯＯの千葉久義氏は説明する。

ノインＣＯＯの千葉久義氏

「直接、ユーザーにインタビューを行い、ＥＣサイトに何を求めているのかを調べたのですが、若い世代ほど商品紹介の『文章』に対する拒否反応が強い。文章化された商品の詳しいクチコミや専門的なレビューは、彼女たちからすると『本みたいで、うそっぽい』となる。本みたいにしっかりした内容なら、むしろ良いのではと思いますが、彼女たちが信頼するのは、身近にいる『仲間』の意見なのです。『文章』は作り物のようで信頼できないが、『生の言葉』には人とのコミュニケーションを感じられ、信頼が持てるというわけです」

つまり、彼らが普段、仲間とＳＮＳで交わしているような会話、情報のやり取りこそが、信頼の持てるコミュニケーションということなのだ。

またＮＯＩＮは、Ｉｎｓｔａｇｒａｍで「ＮＯＩＮ．ｔｖ」を運営し、スタッフが実際に化粧品を使いながら、おすすめポイントを紹介するライブ配信を行っている。

ここでもポイントとなるのは、スタッフの「生の声」である。スタッフ自ら、あるときは素顔の状態からメイクを開始し、またあるときは肌のシミへの不安を吐露しながら、仲間に語るような口調で商品の特徴やメイクのノウハウを解説する。すると、「いいね」が付いたり、コメントが書き込まれたりするだけでなく、アカウントにダイレクトメッセージが多数送られてきたりするのだという。このダイレクトメッセージには、スタッフがすべて返信をしている。素顔で登場し、自身の悩みも吐露し、友達のように語りかけてくるスタッフのことを、同じような悩みを持つユーザーが仲間であると感じるのだ。

ユーザーがスタッフを仲間と感じるような取り組みは他にもある。ＮＯＩＮは商品を発送する包みに、配送業者に向けた「大切に届けてください」という手書きのメッセージを入れるようにしている。受け取ったユーザーは、企業が提供する通販の包みに手書きのメッセージがあったことに感動する。手書きは作り物ではなく、「生」であり、「本物」なのだ。仲間から商品が届いたように感じたユーザーは、「スゴイ！　手書きだ！」と、ＮＯＩＮの包みの写真をＳＮＳに投稿する。その結果、ＮＯＩＮへの信頼が投稿を見た生活者に広がっていく。

さらにＮＯＩＮでは、定期的に本社を開放した物販イベントを開催している。東京都新宿区にある本社には、全国から10代を中心とした若い女性が多数やって来る。目的は、いつも「ＮＯＩＮ．ｔｖ」で見ている、仲間であり、信頼できる相手であるスタッフに会うことだ。

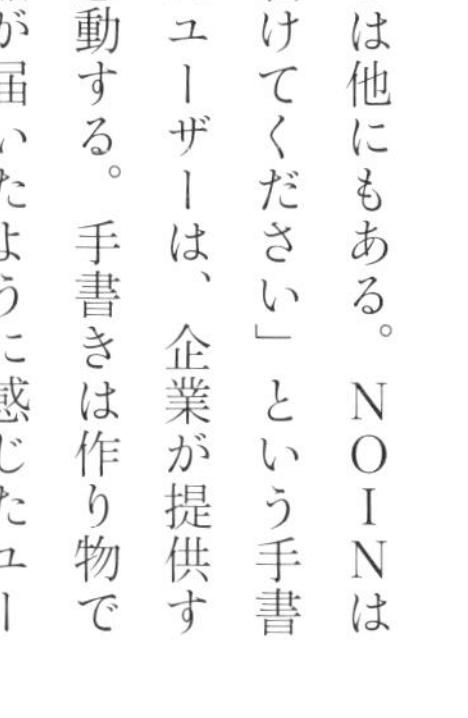

ノイン本社のライブ配信コーナー。メイクを実演するスタッフ

・若い女性の間で広がる新しい化粧品購入のかたち

ＮＯＩＮの主要顧客である若い女性たちの現代における化粧品購入という経験

の在り方について見てみよう。

まず化粧品購入という経験の主体は、ＳＮＳなどを通じて情報のやり取りをする、ネットワーク化された若い女性たちである。化粧品の機能や使用感を、ＩｎｓｔａｇｒａｍやＴｗｉｔｔｅｒを通して共有し合うことは、今や若い女性たちにとって日常的なことになってきている。

では化粧品購入という経験の対象は何か。若い女性たちは、単なる物としての化粧品を購入しているのではない。物である化粧品と、化粧品に関する様々な情報が結びついた、美容のための環境が経験されている。スマートフォンのカメラで肌の状態を診断し、肌の状態に合わせて成分を組み合わせた化粧品を届けるようなメーカーのサービスや、店舗のブースで診断した肌の状態に合わせて化粧品を組み合わせてレコメンドするような小売事業者のサービスが提供され始めている。そこまでシームレスに現実と仮想が一体化してサービスとして提供されていることはまだ少ないものの、百貨店などの小売事業者の店舗で、自分の肌との相性といった化粧品に関する様々な情報を化粧品そのものに結びつけながら購入する物を決めていくことは、多くの若い女性が行っているだろう。

そして化粧品購入という経験の仕方だ。若い女性たちに提示されている化粧品の選択肢は膨大だ。店頭の棚に並んでいる化粧品に加え、ＥＣでも様々なカテゴリの様々な商品をメーカーが提供している。それらの化粧品を一つ一つ吟味して意識的に商品を選択し受容することはもちろん行われてはいるが、完全に意識的な吟味「だけ」で化粧品の購入を決めることは難しい。ＳＮＳ上の自分のネットワークの投稿や、店舗のスタッフのおすすめ、そしてＥＣのＷｅｂサイト・アプリでの自分の商品閲覧、購買履歴をもとにしたレコメンデーションをベースに、感覚的な視点も踏まえて、その時々の「なってみたい自分」にマッチした化粧品を選択・受容するようになってきているのだ。若い女性たちにとって、化粧品購入という経験はつながるテクノロジーによって大きく変化している。

・化粧品購入における「化粧品を選ぶ際に安心して拠り所にできる情報源が欲しい」という生活者モード

若い女性たちの化粧品購入は、化粧品と、化粧品に関する情報、クチコミを発信する友人やＳＮＳネットワーク上の知り合いといった「生活者・物・情報のつながり」があって初めて成り立つようになってきている。これに伴って、若い女性たちの欲求も、生活者・物・情報がつながっている「化粧品購入の状況」から生じるようになっている。具体的には、化粧品と化粧品に関する情報が溢れかえる状況の中で、彼女たちは、「自分の肌につけるものを選ぶ際に安心して拠り所にできる情報源」を欲するようになっているのだ。「たくさんの化粧品について知ることのできる情報源」や「紹介している化粧品の趣味嗜好が自分と合う情報源」ではない。そういった情報源は、彼女たちを取り巻く状況には既にたくさんあり、ともすれば購入の際のストレスにすらなっている可能性がある。求められているのは、一つ間違えば肌が荒れたり傷ついたりしてしまう可能性がある化粧品を選ぶ際に、安心して参考にすることができる「親近感」「信頼感」がある情報源だ。このような「化粧品を選ぶ際に安心して拠り所にできる情報源が欲しい」という生活者モードを、「ＮＯＩＮ．ｔｖ」や、手書きのメッセージ、イベントといった、「生」感のあるコミュニケーションで捕えたことが、ＮＯＩＮの成功の背景にあるのではないだろうか。

5 「勉強垢」でつながる商品作りをした「スタディプランナー」

いろは出版（京都市）が２０１８年3月に発売した手帳が、またたく間にヒット商品となって注目を集めた。勉強スケジュールを管理する勉強手帳「スタディプランナー」だ。主に受験勉強をしている女子高校生を対象に開発された商品だが、高校生だけでなく、資格取得の勉強に励む女性からも絶大な支持を得て、２０１９年11月現在、シリーズ累計18万８０００冊の販売実績を上げている。勉強手帳とは入学試験や資格試験突破を目標に、その日までの自主学習の計画と進捗状況を管理するためのスケジュール帳だ。多くの受験生らは計画している勉強項目や進捗状況を、色とりどりのラインマーカーを使いながら記入している。

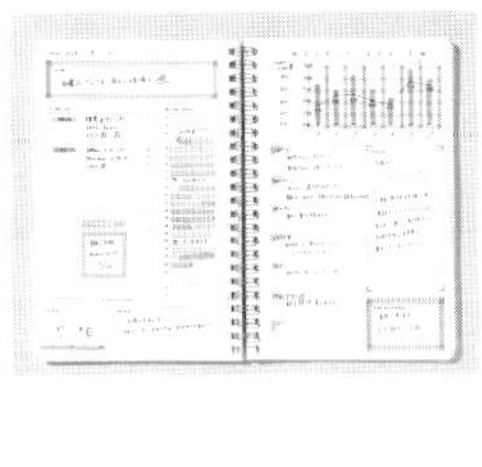

●いろは出版／京都市に本社を置き、書籍や雑貨等の制作販売を行っている。アルバムやカード、日記など、紙を介したコミュニケーションツールの開発に力を入れている。

勉強を頑張れば頑張るほど、マーカーで記入された記録が「かわいく」「映える」ようになるのがポイントで、ページの行間などデザインも工夫されている。

・成功のポイントは受験勉強を楽しくするＳＮＳでのやり取り

スタディプランナーが人気となった理由の一つが、この「かわいく」「映える」点で、スケジュール管理をしながら、大変な受験勉強が「楽しくなってくる」と評価された。いろは出版企画部の難波紀充氏はこう説明する。

「かわいい雑貨が身の周りにあると、『テンションが高まる』『気分が上がる』という女性は多い。自室などで一人受験勉強に取り組むときに、かわいい文房具があると、受験勉強を頑張るというモチベーションが上がるのです」

ただ、一人で勉強するだけでは、「楽しさ」も限定的であったはずだ。スタディプランナーが人気となった最も重要なポイントは、受験生たちがＳＮＳでつながることにより、スタディプランナーを使って勉強することの「楽しさ」を共有

いろは出版企画部の難波紀充氏

できたことである。

ＳＮＳには「勉強垢（アカ）」という、受験勉強用のアカウントがある。自身の投稿に「＃勉強垢」とハッシュタグを付ければ、「勉強を頑張っている気分や体験を共有したい」ことの表明になり、アカウント同士のコミュニケーションのきっかけになる。受験生の間では、普段使用のアカウントとは別に、勉強についてのみ投稿する専用アカウントを作ることが一般化しているのだ。

この「勉強垢」に、色とりどりのラインマーカーで書き込まれた「かわいく」「映える」スタディプランナーの写真が投稿された。投稿者は写真とともに、自分の頑張りを伝え、スタディプランナーの使い方を紹介した。そしてこの投稿を共有した他の受験生は、「自分も頑張ろう」と思った。こうして受験生たちにとって、つらい受験勉強が楽しくなっていった。

・「勉強垢」に象徴される新しい受験勉強の在り方

若い受験生たちのＩＴリテラシーの高さも関係していると思われるが、受験勉強は、つながるテクノロジーによって変化が起こっている領域の一つになっている。

受験勉強は、どのような予備校や塾の授業を受けるか、どのような文房具を使うか、どのような教材を使うかなど、様々な物や情報の選択や受容がある経験だ。経験の主体は、まさに勉強垢によってネットワーク化された受験生たちである。効率的な勉強方法、授業や教材、気分転換の方法といった様々な選択・受容が、ＳＮＳを介して写真や動画とともに共有されている。「勉強ノート」を受験生同士で共有して、自分の勉強の参考にするアプリを提供するサービスもある。

経験の対象、という観点で見ると、教材や教室での授業、テストという物理的な物と、授業などの関連する情報とが一体となった環境が対象になることが増えている。例えば、生徒のテストへの解答結果をＡＩが解析し、最適なカリキュラムを策定した上で教師が授業をしていくサービスが出てきている。また、学習塾の教師が、個別に生徒に対して授業を行うだけではなく、他の教師がクラウドソフト上に共有した指導上のコツやＱ＆Ａへの対応方法などを常に参照しながら授業を行っていく、といったケースも増えている。生徒から見れば、単に先生から授業を受けているだけかもしれないが、学習塾からすると、物理的な教師と様々な教師の集合知情報が結びついた学習の環境を提供しているようなかたちになっている。

ＡＩ等の高度なテクノロジーが積極的に活用されている中国などは、さらに顕著に受験勉強が現実世界と仮想世界が結びついた「環境」になっている。物理空間で授業を受けると、授業を受けている子供たちの表情や動きをＡＩが読み取り、内容の理解度を判断したうえでデジタル上での教育プログラムへフィードバックしていく、といったことが行われている。

経験の仕方はどうだろうか。受験勉強をしている子供たちにとって、自分が勉強すべきことを意識的に吟味して選ぶ、といったことが少なくなっていると考えられる。学習塾やオンライン学習サービスが作り出す充実した勉強環境によって、どんな教科の、どんなトピックを勉強するべきかを意識することの必要性は、薄れてきているからだ。逆に、自分にとって心地よい勉強の環境を作ってくれる物や情報を、感覚的に選択・受容することが増えてきていると考えられる。

・受験勉強における「困難を一緒に乗り越えて一体感を得たい」という生活者モード

受験生たちは、受験生同士、教材や授業、教師、それに紐づく様々な情報といった生活者・物・情報がつながっている状況の中で、様々なかたちでお互いにやり取りしながら受験勉強を経験している。そのような状況から発生していたのは、受験生同士の楽しいコミュニケーションを誘発してくれるスタディプランナーという「かわいく」「映える」グッズだった。この状況から生じていた生活者モードは、「大変な受験勉強を一緒に乗り越えて一体感を得たい」だったと言えるだろう。

CHAPTER 03

「コト提供ビジネス」への転換

1 ― 「モノ提供」から「コト提供」へ

昨今のビジネスにおける成功事例の裏側には、つながるテクノロジーによって変化した新しい経験がある。その経験においては、「生活者・物・情報のつながり」に影響を受けた、生活者自身も気づいていない欲求「生活者モード」が生じている。２章では、そのような仮説をもたらしてくれる具体的な成功事例を紹介した。紹介した５つの事例には、共通する点がある。それは、いずれにおいても、「コト提供」という枠組みでビジネスが行われていたということである。

例えば、『ボヘミアン・ラプソディ』は、世界的音楽バンドの物語というテーマ、映画館の最先端の音響システムの活用、それらに誘発された作品についての様々なＳＮＳ投稿によって、映画館に足を運ばなければ経験できない「コンサート型映画」として世の中に広がっていった。スポティファイのプレイリストは、「アーティスト」や「アルバム」といった単位で聴取される音楽作品ではなく、その場その場の気分を盛り上げる音楽体験を提供することで多くの支持を集めている。無人コンビニ６００は、オフィスやマンションの交流の場に設置された無人の売り場と、売り場の商品の品揃えを動的に変化させるコンシェルジュサービスによって、ただ商品を売るだけでなく、その場所のコミュニケーションのハブとなっている。ＮＯＩＮは商品郵送パッケージやＳＮＳを介した動画配信などの、化粧品ＥＣという枠にとらわれない生のコミュニケーションで女性たちの心を捕えているし、スタディプランナーは受験生の間で行われているＳＮＳ投稿に着目し、「楽しんで継続できる受験勉強」を提供するための商品を開発した。いずれにおいても、取材を行った企業の商品やサービスは、単なる「モノ」として生活者に提供されていたのではない。それらは、「生活者・物・情報のつながり」に入り込むことで、つながりを活性化させる「コト」を提供していたのである。

　生活者の新たな欲求である生活者モードを捕えるためには、「コト提供」という新たなビジネスの枠組みが必要となるのではないか。事例の読み解きから導かれるこの仮説について、さらにもう少し深く考えてみよう。

・「コト提供」とは、「生活者・物・情報のつながり」の中に商品やサービスを入れ込み、つながりを活性化させること

欲求が「個々の生活者の属性」に影響を受けて生じていた従来の場合、企業がそれを捕えるためには、質の高いモノを生活者に提供することが重要だった。欲求を満たすためには、生活者個人が意識的に受容できる「組み上げられた商品やサービス」を作って届けるのが当然であり、重要なのはそれをいかに魅力的なものに仕立てるかであったからだ。（ここで言う「モノ」とは物理的な意味での「物」ではない。物理的な物、デジタルの情報に限らず、「提供する企業によって組み上げられた商品やサービス」を指す）

しかし、欲求が「生活者・物・情報のつながり」に影響を受けて生じるようになった現代において、企業がそれを捕えるためには、モノを提供するだけでは不十分になる。なぜなら、単にモノを生活者に提供しても、生活者を取り巻く状況において、それが生活者・物・情報とつながりを築けなければ、欲求を満たすことはできないからだ。

生活者モードを捕えるためには、前章の事例のように、「生活者・物・情報の

「モノ提供」から「コト提供」へ

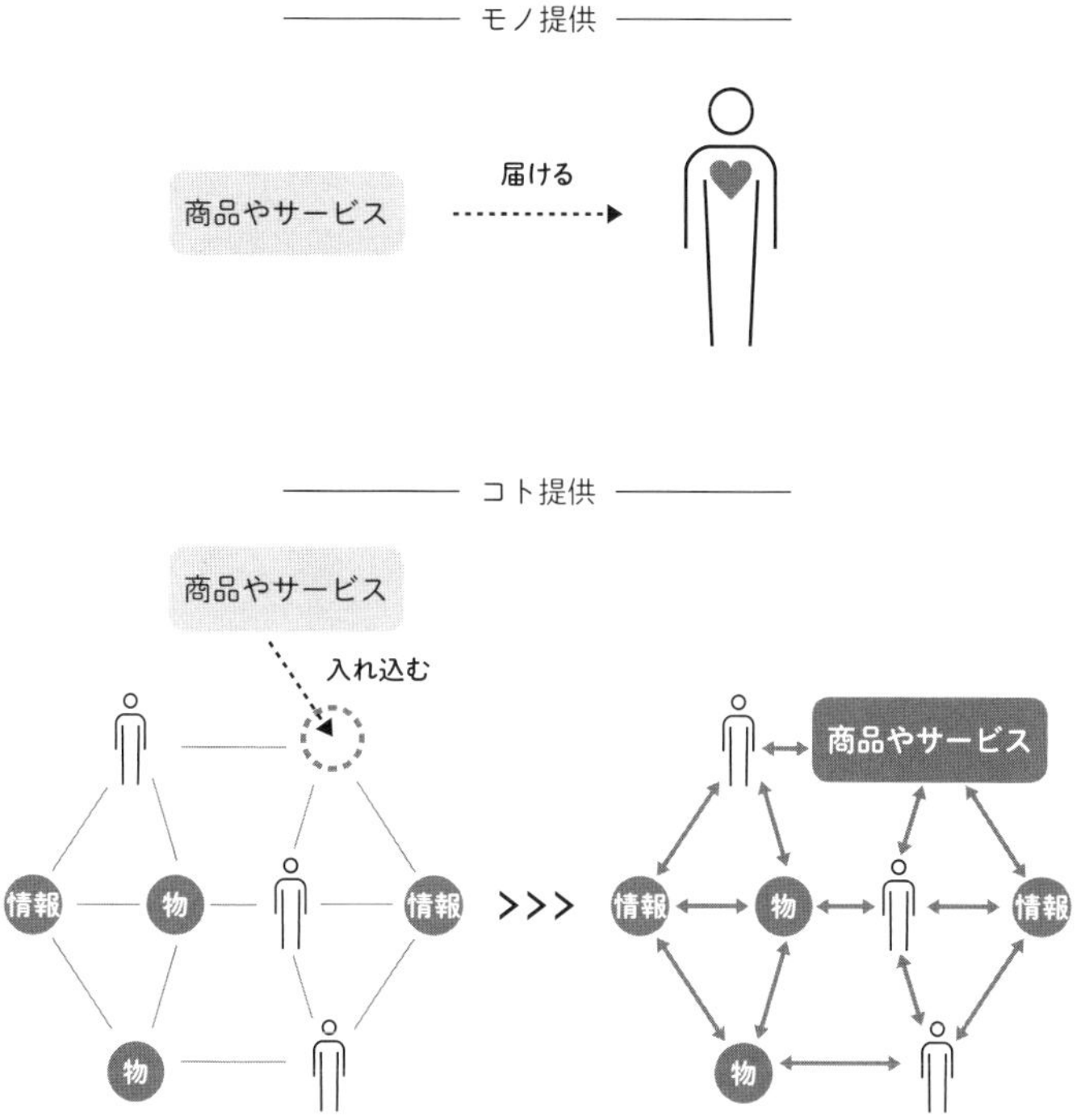

つながり」の中に商品・サービスを入れ込み、つながりを活性化させること、つまり、商品・サービスをコトとして提供することが必要なのである。

・自動車企業の「コト提供ビジネス」のイメージ

これがどういうことなのかを、「移動」というテーマを例としてイメージを膨らませてみよう。

「ＣＡＳＥ」や「ＭａａＳ」といった昨今のトレンドとなっている言葉を改めて挙げるまでもなく、現代の生活者の「移動」はつながるテクノロジーによって変化した経験になってきている。まず、そこから話を始めていこう。

例えば、ある生活者が旅行をしており、旅先の観光地で移動をしていたとする。泊まっている宿から、目当てのスポットへ、あるいはさらにそのスポットから別のスポットへ、といった観光地での移動の途中では、その様子を動画や写真で記録してＳＮＳで共有することが多いだろう。一人の生活者が経験している旅行は、その生活者が持つネットワークにも共有されていく。また、移動手段となるモビリティサービス事業者／公共交通機関や、それらに紐づくダイヤや混雑度といった移動についての情報は、個別に意識的に選び取るものではなく、ＭａａＳアプリケーション等によってシームレスに連携することで移動できる環境として生活者に経験される。そのような経験の中では、様々な移動手段の中からその場で感覚的に利用する移動手段を決めるということも少なくないはずだ。

以上のような、移動における生活者、移動手段、移動についての情報がつながっている移動の状況こそが、今後、移動手段を提供するモビリティサービス事業者や公共交通機関が向き合っていかなければならないビジネスの舞台だ。

このような状況からは、どのような欲求が生じるだろうか。まず、移動する主体は、自分のネットワークに常に経験を共有できる生活者だ。自分にとって便利、快適な移動よりも、自分のネットワークにとって楽しい、面白い移動が選ばれていくと考えられる。さらには、移動手段と移動についての情報がシームレスに連携された移動環境が経験されるということを考えると、「何で」移動するかよりも「どのように」移動するかについて興味や関心がいくことが多くなると予想される。その場の気分に応じて感覚的に移動していくということからは、移動の機能よりも、移動の雰囲気や気分の影響力が高まることが推察できる。このような、移動の状況における「生活者・物・情報のつながり」が生活者の行動に与える影響を総合的に考えると、例えば、「生活者は、移動において、自分のネットワークに共有できるような、思ってもいなかった新しい出会いを求めるようになる」といった仮説が立てられる。

今まで、観光での移動における生活者の欲求は、例えば「なるべく迷わず目的地に着く移動がしたい」といった多くの人に共通するものから「自分らしい旅を演出してくれる移動がしたい」といった個人的なものまで、個人の移動についての嗜好に影響を受けて生じることが多かった。しかし、現代では、そのような欲求とは異なる、移動の状況における「生活者・物・情報のつながり」に影響を受けた欲求も生じていると考えられるのだ。

このような、生活者を取り巻く状況から生じる、生活者自身も気づいていない欲求こそ、観光地での移動の生活者モードであると言える。

さて、このような生活者モードを、自動車メーカーはどのように捕えていけばよいのだろうか。

新車やレンタカーといったパッケージ化された商品やサービスをそのまま提供

しても、生活者モードをうまく捕えることは難しい。生活者モードを捕えるためには、それに影響を与えている「生活者・物・情報のつながり」の中に自動車を入れ込んでいく必要がある。

一つのやり方は、観光地での移動の「途中」のつながりの中にうまく自社の商品である自動車を入れ込むことだろう。移動の途中は、生活者モードが特に高まる状況だ。多くの人は、思い思いに目的地の情報にアクセスしたり、自身のネットワークに対してメッセージを送ったりと、何かしらのかたちで、生活者や情報とつながっている。それでいて、移動手段自体は従来のまま、それらのつながりとは分離された状態で目的地への「手段」として人々を運んでいる。「思ってもいなかった新しい出会いが欲しい」という生活者モードを捕えるためにできることは、いろいろとあるはずだ。

例えば、観光地において、共通の観光スポットに向かう人々のための乗合自動車サービスを、目的地の観光情報や他の移動手段への乗り継ぎ方といった関連情報とともに提供するといったことが考えられる。共通の目的地の生活者が集まり、目的地についての情報も十分に提供されている車内空間であれば、乗り合わせた生活者同士や、彼らの持つネットワーク間での会話が促進され、観光についての新しい発見や気づきを得られるようなサービスになるだろう。偶然の出会いが旅の忘れられない思い出となることもあるかもしれない。「目的地がもっと楽しくなる移動中の偶然の出会い」をコトとして提供することができるのだ。

このように、商品・サービスを「生活者・物・情報のつながり」の中に入れ込み、つながりを活性化させるコトを提供して初めて、生活者モードを捕えることができるようになるのである。

・日用消費財企業の「コト提供ビジネス」のイメージ

コト提供ビジネスについて、もう一つ、別のケースを想定して考えてみよう。今回のテーマとする生活者の経験は、「家事」である。日用消費財企業は、変化する「家事」にどのように向き合っていくべきだろうか。

ここ数年のつながるテクノロジーの発展によって、現代の生活者の「家事」という経験は、大きく変化してきている。

こだわって作った料理や、きちんと掃除した部屋、お気に入りの日用品などの画像を投稿する。家事をするときのちょっとした工夫を投稿する。現代の生活者は、ＳＮＳ上のネットワークに、そういったかたちで自分たちの暮らしを共有しながら家事を行っている。また、この数年で、家電メーカーや大手ＩＴ企業によって、ＩｏＴやＡＩのテクノロジーを活用したスマート家電が多く市場に投入された。部屋の汚れ具合を読み取って自動で掃除を進めていく掃除ロボットや、天気情報や使用履歴などから最適な洗濯コースを提案する洗濯機などはその例だ。個々の家電そのものを使うのではなく、家電と情報が結びつくことでスムーズに家事が行われる環境を経験するようになってきていると言える。また家事の際には、様々な商品やサービスが届くようになってきている。家事に必要な商品やサービスを選択・受容する際には、一つ一つの機能や内容を吟味するよりも、キュレーションされたものを気分で選んでいく、といったことも多い。生鮮食品の買い物を、事前に決められた献立を作るのに必要な分の材料だけを届けてくれるミールキットサービスなどが良い例だ。生活者はそのときの気分で食べたいものを選ぶだけで、後はそれを作るための材料が家に届く。

　現代の家事の状況には、「生活者・物・情報のつながり」が形成されている。

このつながりに影響を受けて生じる、生活者自身も気づいていない欲求「生活者モード」を捕えることができるかが、日用消費財企業のビジネスの成否の分かれ目である。

家事の生活者モードについて、具体的に考えてみよう。家電と様々な情報が連携した環境の中で、料理のためにどんな材料を買うかや、どこを掃除機で掃除するかなど、細かな内容をいちいち意識せずに、気分に応じて家事を行い、それを自分のネットワークに共有し合う。そのような家事の経験においては、「もっと隅々までゴミが取れるようにしたい」「もっと安くて質のいい料理の材料を買いたい」といった、生活者個人の内部から生じる家事そのものをどうしたいかという欲求よりは、家事の状況から生じる、様々な生活者・物・情報とつながっているからこそ持つような、家事を行うことで何をしたいかという欲求のほうが強いのではないだろうか。例えば、「誰かを家に招いて、もてなしたい」といった欲求が考えられる。

日用消費財企業が、このような生活者モードを捕えるためには、どうしたらよいだろうか。

例えば、この日用消費財企業が、洗剤を製造していたとする。この洗剤を、従来通りにボトルや詰め替え容器にパッケージして小売店で販売していくことが、先に説明した生活者の新たな「家事」にフィットしづらいことは、ここまで読んでいただいていれば、おわかりいただけるかと思う。そのようなモノとして提供された商品は、家事の状況においてつながりを築くことが難しい。つながりを築けないと、その商品は孤立する。ビジネスで成功することは難しくなってしまう。

　つながりを築くためには、洗剤を、家事における「生活者・物・情報のつながり」の中に入れ込んでいく必要がある。家事の中でも、洗濯をするときの生活者に注目してみよう。先ほど、物と情報がつながっているスマート家電として、天気情報や使用履歴などから最適な洗濯コースを提案する洗濯機が登場していることを紹介した。洗濯においては、そのような、洗濯機と情報、そして生活者がつながる事例は出始めているものの、今のところ、そこに「洗剤」はつながっていない。ここには、自分たちの洗剤を入れ込んでいくチャンスがあると言えそうだ。

　あくまで一つのアイデアではあるが、生活者がスマホアプリケーションから入力した、生活者が洗濯する衣服の種類や、希望する仕上がり・洗濯にかける時間といった情報を分析し、最適な洗剤を選んだ上で必要な量だけ届けてくれる、「カスタム洗剤配送プラットフォーム」などが考えられる。「常にベストな洗い上がりの服を着て、客をもてなす」というコトを提供できるはずである。このようなコト提供を行うことで、「誰かを家に招いて、もてなしたい」という、家事における生活者モードを捕えることができるのだ。

・生活者の視点から見て、改めて重要になる「コト提供ビジネス」

コト提供の考え方自体は、それほど新しいものではない。例えば、２０１３年に総務省が発表した「平成25年版 情報通信白書」では、同様の考え方について幅広く考察されている。ここでは、「コト提供」の背景について言及されている一節を引用しよう。（なお、同白書では、製造業が大きなウェイトを占める日本で馴染み深い「モノづくり」と対比させた「コトづくり」という言葉が使われているが、本書での「コト提供」と同様の意味と取ってよいだろう）

昨今、「コトづくり」が産業界復活のキーワードとして取り上げられることが多くなってきている。なぜ、「モノづくり」だけではなく「コトづくり」の必要性が主張されるようになってきたのだろうか。

端的にいえば、それは、多くの分野においてモノがコモディティ（汎用品）化し、モノを売るだけでは利益を上げることが困難になっているからである。アジア諸国に代表される新興国・途上国の躍進によって、先進国よりもはるかに低いコストで品質の高い製品を生産できる国が増えてきた。また、製品そのもの及び製品の製造プロセスにおけるデジタル化と部品のモジュール化が進むことで、熟練技術をそれほど必要とせず、市場で入手できる部品を組み合わせることで高度な製品を作ることもできるようになり、モノづくりの相対的な付加価値は低くなってきた。

一方で、情報通信技術の発達により、オープンなコミュニケーション基盤を活用して、ユーザーを含む多様な関係者が協働することによって、新しい価値が生み出される事例も増えてきた。そのような事例においては、商品の価値はモノ自体の機能にあるというよりも、モノに付随するサービスや、ユーザーがモノの新しい利用体験を作り出すことが価値だとみなされている場合が多い。

このような状況から、「モノづくり」を超える事業モデルとして、あるいは「モノづくり」を補完する考え方として、「コトづくり」が主張されているのである。

「コトづくり（＝コト提供）」の背景として、製造業における製品そのものや製造プロセスのコモディティ化と、新たなコミュニケーション基盤を活用したユーザーを含む多様な関係者の協働による価値提供が挙げられている。

このように、コト提供というビジネスの枠組みは、従来、主に企業側の視点からその重要性が導かれてきた。しかし、生活者側の視点から、生活者モードを明確化して捕えるためにはどのようなビジネスを行うべきかを考えていくことでも、改めてその重要性が浮き彫りになるのである。

2 コト提供ビジネスのための3つの「問い」

では、コト提供ビジネスを行っていくためには何をすべきなのだろうか。ビジネスで何をすべきかを考えていくとき、大概、我々は「〜をすべきだ」という「答え」を直接探し求めがちだ。しかし、ここで注意しなければならないことがある。それは、従来のモノ提供ビジネスが設定してきたビジネスにおける「問い」をそのままに「答え」を探し求めても、コト提供ビジネスに有効な「答え」は得られない可能性が高い、ということだ。どういうことかを具体的に説明していこう。

・モノ提供ビジネスにおける「問い」を成立させていた前提が崩れる

従来型のモノ提供ビジネスにおいて「何をすべきか」を考えるということは、多くの場合、つまるところは次の2つの問いに対して答えを出すことだった。

■いかに業界内で勝てるポジションをとるか
■いかに勝てる商品やサービスを作るか

1つ目の問いに対しては、多くの企業は、自らが活動している業界の特徴を「5フォース」で整理したり、「コストリーダーシップか、差別化か」というフレームで業界内での自らのポジションを決めたりすることで、何をすべきかの答えを出してきた。2つ目の問いに対しては、勝てる商品やサービスを作るために、「バリューチェーン」構築の在り方を考えたり、組織内での「リーダーシップ」や「ラーニング」の醸成方法を導いたりすることで答えを出すことが多かった。

しかし、このようなモノ提供ビジネスの「問い」は、いくつかの前提をもとに設定されている。それは、「同じカテゴリーの商品・サービスを提供している企業の集団ごとにビジネスを考える」という「業界」についての考え方であり、「企業は、様々な部品や作業を最終的に自ら組み上げて提供する」という「商品・サービス」についての考え方だ。また、もう一つ忘れていけない暗黙の前提もある。それは、「企業は、様々な部品や作業を組み上げるコストに自らの利益をのせた合計金額を、商品やサービスを提供する相手から得ることで収益を上げる」という「マージン」についての考え方である。

我々が「答え」を出そうとしているコト提供ビジネスにおいては、これらの前提が崩れてきていると言ってよいだろう。コト提供ビジネスの舞台は、様々な生活者・物・情報のつながっている状態、つまり状況だ。そこでは、今まで異なる業界とされていた企業同士が、物、情報をつなげて、生活者に価値を与えることが当たり前になる。また、そのような企業同士の協業によって初めて生活者への価値提供が成立するため、自ら部品や作業を組み上げるだけではビジネスが成り立たないことも多くなる。様々な企業と協業することになるため、収益の上げ方も、多様なパターンが考えられるようになる。

先に例として示した観光地での移動の状況でいえば、自動車企業が乗合自動車サービスを提供する際に、スマートフォンのアプリや自動車の車載ディスプレイへ、観光事業者が提供する観光情報を表示するようなことをイメージすればよい。そのようなサービスにおいては、自動車業界の競合に対して自らの自動車をどう差別化するかを明確にしたり、高機能の自動車を作るために調達物流や販路といったバリューチェーンの各要素を強固に垂直統合したりすることだけが成功する道ではないはずだ。また、収益の上げ方も、「サービスを提供する生活者に対して課金する」という方法だけでなく、「観光情報が周知されることでメリットを得る観光事業者に対して課金する」「スマートフォンアプリケーションや自動車の車載ディスプレイに広告枠を作ることで、広告枠へ出稿する企業に対して課金する」といった、従来にはない様々な方法が考えられる。

つまり、コト提供ビジネスにおいてモノ提供ビジネスの「問い」を設定しても、そもそもの前提が異なるので、うまく「答え」を出しきれないのである。コト提供ビジネスで何を実行していったらよいかの「答え」を導くためには、そもそも「何をビジネスにおける『問い』として設定するか」から考え直す必要があるのだ。

・コト提供ビジネスで設定すべき問いは「価値提供」「収益化」「自己変革」

では、コト提供ビジネスではどのような「問い」を設定すればよいのだろうか。コト提供ビジネスにおいて汎用的で一般的な「正しい問い」といったものを決めることは難しいが、あえて重要な問いを挙げるとすると下記の3点になるだろう。

■いかに生活者へ価値を提供するか
■いかに収益を上げるか
■いかに継続的に自らを革新し続けるか

１つ目の問いについては、「プラットフォーム」という、従来にはなかったビジネス形態に注目が集まっている。この形態でビジネスを行う際の、ネットワーク効果／データ解析による学習優位／収穫逓増といった、新たな費用対効果のルールを前提とする理論が、問いの「答え」の一つとなる可能性があるだろう。２つ目の問いについては、「サブスクリプションモデル」や「広告モデル」といった、収益創出の仕組みをつくるための新しい考え方が「答え」として有望視されている。３つ目の問いへの「答え」としては、「オープンイノベーション」等の、社内の技術や知見を活用するだけでなく、社外の技術や知見も積極的に取り入れることで革新を生み出す仕組みが昨今多く取り組まれているようだ。

コト提供ビジネスにおける問いへの「答え」は前述のものだけではない。現代においては、この３つの問いに答える様々な理論がケースに応じて活用されている。

3－3つの問いに答える順序

コト提供ビジネスの「問い」に対する「答え」は、先に例を挙げたように様々だ。実際にビジネスを行っていく立場の人間からしてみれば、それらをすべて同時に行うことは、当然現実的ではない。とはいえ、優先度をつけようにも、あまりに多くの視点で様々な考え方が語られており、そして新しい考え方が次から次へと現れるため、どれからどう実行していけばよいかわからなくなってしまう。スマートフォンのニュースアプリやＳＮＳアプリで日々流れてくるような、断片的な情報に、少し振り回されそうになってしまう人もいるのではないだろうか。

・「どの問いから答えていくか」で優先順位を決める

本書では、コト提供ビジネスのために何から始めていくべきかの優先順位を、

3つの問いに答える順序

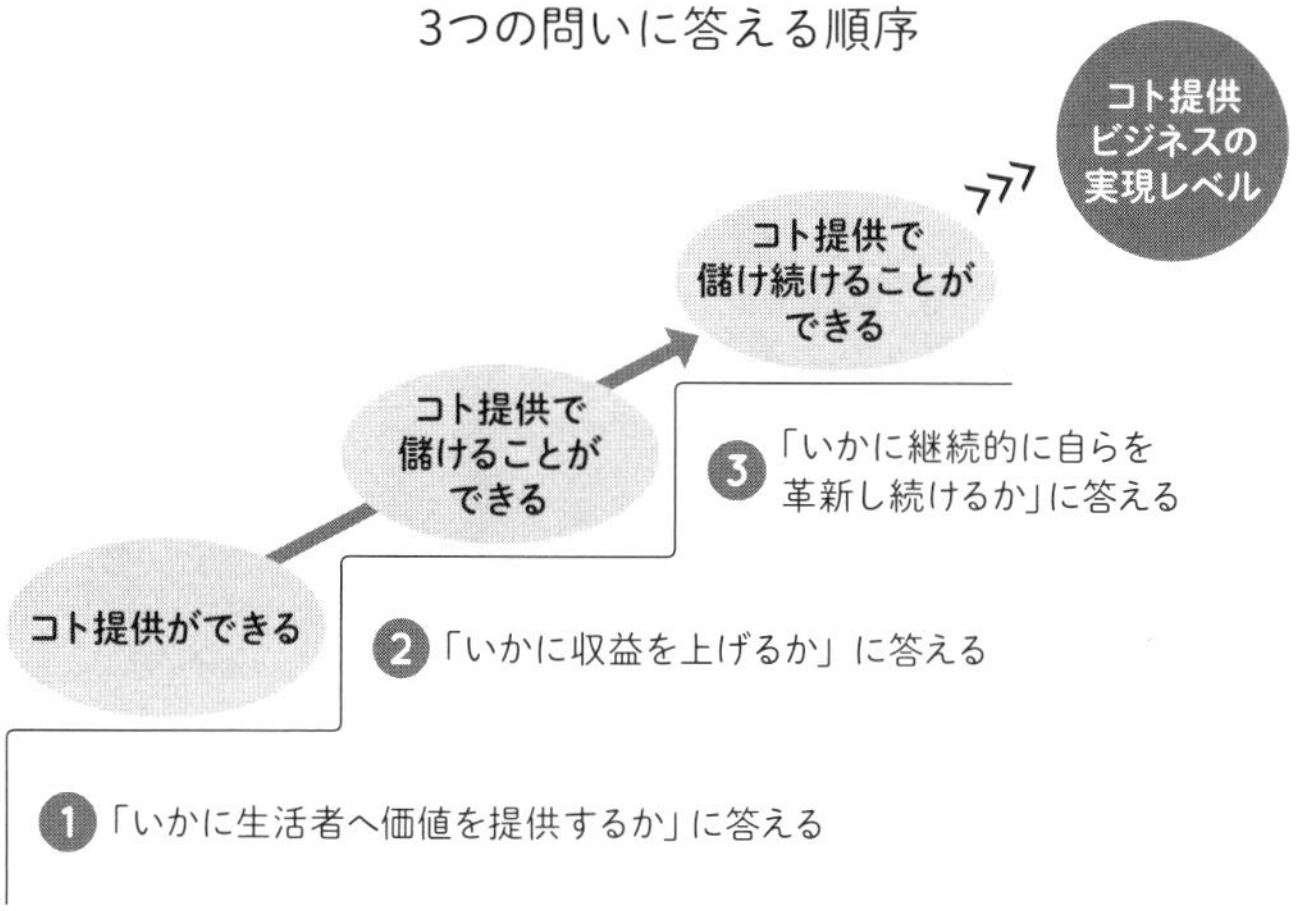

「どの問いから答えていくか」という視点で整理している。それを図式化したものが上の図だ。図の通りの順で問いに答えていくことで、コト提供ビジネスの実現レベルを上げていくことができる。

初めに、「いかに生活者へ価値を提供するか」という問いに答えを出すことで、実際にコト提供ができるレベルになることを狙う。そしてその次に、「いかに収益を上げるか」という問いに答えを出すことで、コト提供で儲けることができるレベルになっていく。最後に、「いかに継続的に自らを革新し続けるか」という問いに対応することで、コト提供で儲け続けることができるレベルになる。

一番目の「いかに生活者へ価値を提供するか」については、この問いに答えないとコト提供ビジネスへの道は始まらないと言ってよい。そんなこと当然だろう、と考えられる方も多いかもしれない。しかし、自分たちの会社での実際の光景をイメージして改めて考えてみてほしい。新しい事業にトライすべく社内を説得していく際に、「その事業はどれだけ儲かるのか?」という視点で過度な検証やけん制が行われ、アイデアの芽が摘まれてしまう、ということは全く起こらないと言い切れるだろうか。「いかに生活者へ価値を提供するか」という問いに最優先で答えることは、意外と重要なのである。

二番目の「いかに収益を上げるか」、三番目の「いかに継続的に自らを革新し続けるか」の順序については、こんな反論が想定される。「いやいや、現在は十分な収益を上げていなくても、『いかに継続的に自らを革新し続けるか』という問いに適切に答えることで、収益のかたちではなくても、活動を継続するための資金は様々なかたちで調達できるではないか」。もちろん、そのような企業も実際に存在する。特に、先端テクノロジーを活用するスタートアップ企業等においてはその傾向が強い印象がある。顧客への価値提供を行いながら、テクノロジーに関する人材や設備等への多額の投資を行い続け、収益としては赤字の状態を何期も続けながら事業を継続していくようなスタイルを取っている企業だ。確かに、こういったスタイルも一つのやり方として有効かもしれない。しかし、それが有効なやり方として機能するのは、限られた条件が揃った場合のみであることは理解しておいたほうがよいだろう。例えば、「その企業が向き合っているコト提供ビジネスにおけるテクノロジーの進化の速さや重要度が非常に大きい」という条件や、「その企業の成熟度が浅く、将来的成長への期待からその企業への投資を呼び込みやすい」といった条件である。

多くの企業は、従来のモノ提供ビジネスを行いながら、その一方でコト提供ビジネスを育てていく必要がある。そのためには、まずはコト提供ビジネスを収益化する仕組みを足場として作ったうえで、その収益を元にしてコト提供ビジネスを革新し続ける仕組みを作っていくという順序が望ましいのではないかと考える。

さて、コト提供ビジネスのための問いに対して、どのような順序で答えていけばよいかを整理した。ビジネスのための問いに答えていくのに必要なのは、その問いに答えるためのビジネスアクションの指針、つまりビジネス戦略である。次章では、コト提供ビジネス実現のために第一に答えるべき問い「いかに生活者へ価値を提供するか」に答えるビジネス戦略を具体的に紹介していきたい。このビジネス戦略によって、我々は初めて、コト提供ビジネスを実現することができるようになり、最終的に生活者モードを捕えることができるようになる。

CHAPTER 04

生活者モードを捕える ビジネス戦略の策定

3章では、生活者モードを捕えるためには「コト提供ビジネス」というビジネスの枠組みを採用する必要があること、そしてコト提供ビジネスを行っていくためには、初めに「いかに生活者へ価値を提供するか」という問いを設定し、それに答えていくべきであることを述べた。

本章では、「いかに生活者へ価値を提供するか」という問いに答え、コト提供ビジネスを実際に実現し、最終的に生活者モードを捕えていくために必要なビジネス戦略について考察していきたいと思う。我々は、このビジネス戦略を「生活者モード戦略」と呼んでいる。

なぜ、ビジネス戦略が必要になるのだろうか。

本書では、「ビジネス戦略」という言葉を「経営資源を活用した個々の業務を計画・実行する際の指針」というような意味で使っている。ビジネスの目的を達成するためには、「ヒト／モノ／カネ／情報」といった経営資源を活用して、「取引先への営業」「商品を作るための原材料の調達」「人材の採用」といった個々の業務を計画・実行する必要がある。その際に、「どのような経営資源を活用するか」「どう個々の業務を計画・実行するか」がバラバラにならないように、指針として参照されるものがビジネス戦略である。

「いかに生活者へ価値を提供するか」という問いに答えるということは、つまるところは「生活者へ価値を提供するために、どのような経営資源を活用して、どのように個々の業務を計画・実行していくかを決める」ということだ。ビジネス戦略なしに、場当たり的に活用する経営資源を決めたり、個々の業務の計画・実行を決めたりしていたのでは、一つの企業としてうまく生活者へ価値を提供することは難しいだろう。問いに答えるビジネスアクションを起こす前に、その指針となるビジネス戦略を策定する必要があるのだ。

・「エコシステム」への着目

生活者への価値提供を行うためのビジネス戦略には、様々なものがありうる。我々は、その中でも、「エコシステムの実現」というテーマを念頭においてビジネス戦略を策定することが非常に重要だと考えている。「エコシステム」という言葉は、日本語でいうと「生態系」となるが、ビジネスにおいては、「企業や顧客をはじめとする多数の要素が集結した、共存共栄の関係」といった意味で用いられている。

「エコシステムの実現」を念頭におく背景には、生活者モードを捕えるために必須となるコト提供ビジネスの、生活者への価値提供の仕方が関係している。

　従来型のモノ提供ビジネスにおいては、企業は、最終的に自らが様々な部品や作業を組み上げて商品やサービスを作り、生活者に価値を提供する、という考え方が主流であった。商品やサービスを作る上で様々な企業と協業を行うことはあっても、最終的には「X社の商品／サービス」としてパッケージ化された上で、取引先や生活者へ販売されていくようなことが主だった。

　一方、コト提供ビジネスでは、単体の企業1社だけで生活者に価値を提供することは難しい。コト提供ビジネスとは、状況における「生活者・物・情報のつながり」を活性化させるビジネスである。そのためには、商品やサービスを、つながりの中に入れ込む必要がある。自分たちの商品・サービスが、生活者・物・情報とつながることができないと、その商品・サービスは孤立してしまい、コト提供を行うことができなくなってしまう。ここで重要になるのは、自分たちの商品やサービスは、状況において「生活者」だけでなく、「物」や「情報」ともつながる必要がある、ということだ。状況に「物」や「情報」を提供している他企業と協業することで初めて、生活者に価値を提供することができるようになるのだ。この際に、その状況を舞台としてビジネスを行っている企業が、共存共栄の関係であるエコシステムを実現していくことが重要になる。

つまり、コト提供ビジネスを実現し、生活者モードを捕えられるかは、エコシステムを実現して、生活者に価値を提供できるかどうかにかかっているのだ。

・生活者モード戦略の全体像

生活者モード戦略を策定するには、２つのフェーズがある。第一のフェーズは、生活者モードを捕えるエコシステムを「構想する」フェーズだ。コト提供ビジネスを行ううえで、生活者への価値提供をどのように行うかを、エコシステムの構想を通じて整理していく。エコシステムは、それが実現することで最終的に生活者モードを捕えることができるようになっている必要がある。

第二のフェーズは、生活者モードを捕えるエコシステムを「実現可能にする」フェーズである。構想したエコシステムをビジネスとして成立させるための考え

生活者モード戦略の全体像

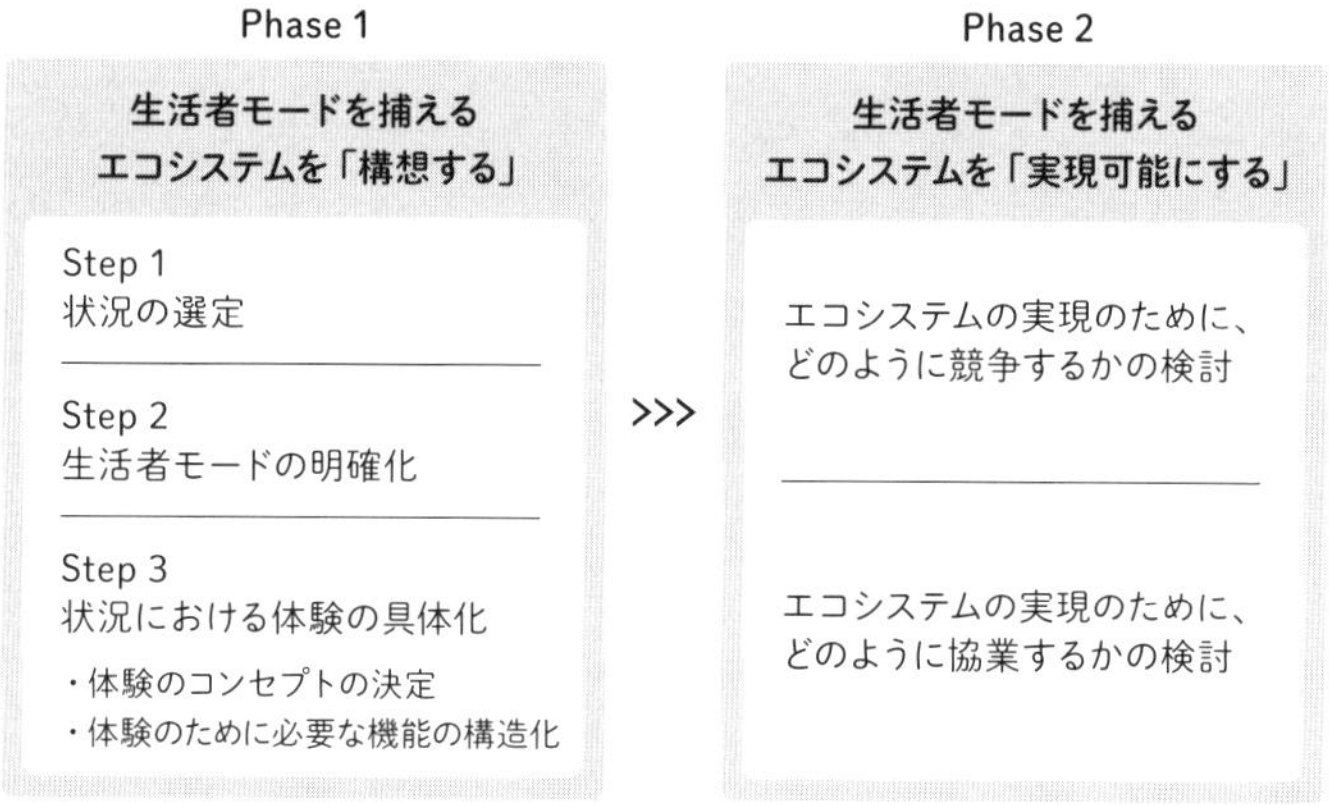

方を整理する。これによって、コト提供ビジネスにおける生活者への価値提供が可能になり、実際に生活者モードを捕えることができるようになる。それぞれのフェーズで行うことについて、簡単に整理したのが上の図である。第一の生活者モードを捕えるエコシステムを「構想する」フェーズでは、３つのステップを踏む。第二のエコシステムを「実現可能にする」フェーズでは、２つのテーマについて検討する。それぞれのフェーズについて、詳しく説明していきたいと思う。

Phase 1

1 ― 生活者モードを捕える エコシステムを「構想する」

第一の、生活者モードを捕えるエコシステムを「構想する」フェーズは、3つのステップで考えを整理していく。それらのステップとは、①状況の選定、②生活者モードの明確化、③状況における体験の具体化、である。いずれのステップでも必要となるのは、「生活者の視点」でエコシステムを構想することだ。エコシステムの実現は、コト提供によって生活者に価値を提供するために行うビジネスアクションだ。生活者の視点でエコシステムを構想しないと、本末転倒になってしまう。以下にそのステップを見ていこう。

―Step 1― 状況の選定

まずは、自分たちの商品やサービスが、どのような状況を舞台とするべきか、を明確にする必要がある。この際に、「業界」という視点で状況を選定することは避けるべきだ。例えば、「スーパーマーケットの清涼飲料水コーナーの商品棚の前の状況」といった状況の選定の仕方は、従来型の食品消費財業界のマーケティングを前提とした状況の選定の仕方だ。これでは、状況の選び方としては範囲が限定的で、コト提供ビジネスを行うことは難しい。

商品やサービスについて、生活者がどのような経験をしているかで状況を選定していくとよい。「自動車」であれば、自動車を利用して生活者が得られる経験は、大きく「通勤」「近距離の日常的な用事」「観光」といったかたちで分けられる。それぞれの経験における状況は、生活者・物・情報のつながり方の観点で大きく異なるはずだ。どのような生活者の経験を想定するかを意識しながら、状況を選定していく。選定した状況においては、今まで想定していなかったような企業が関わっていることもあるだろう。その状況がビジネスの舞台として有望な証しだ。第3章で説明した通り、コト提供ビジネスにおいては、従来の「業界」という概念が崩れてきているのだ。

―Step 2― 生活者モードの明確化

状況を選定したら、その状況における「生活者・物・情報のつながり」に影響を受けて生じる、生活者自身も気づかない欲求「生活者モード」を明確化する。明確化の仕方には様々な方法があるが、状況についてのリサーチは必須になるだろう。フィールドワーク、デプスインタビュー、アンケートによる定量調査、アクチュアルデータについての分析等が考えられる。

ここで重要になるのは、「個々の生活者の属性」に影響を受けて生じる欲求、つまりインサイトの探求とならないように注意することだ。生活者モードは、「個々の生活者の属性」ではなく、「生活者・物・情報のつながり」に影響を受けて生じるからである。これを避けるためには、リサーチしたデータを分析する際に「生活者」という単位だけでなく、他の切り口で分析をすることを意識するほうがよい。第6章で詳しく説明するが、例えば、「金曜18時〜20時の新橋」という時空間の状況から生じる生活者モードを分析する際には、「金曜18時〜20時の新橋」と、「同時間帯の他の場所」や、「他の曜日時間帯の同じ場所」とで、時空間の特徴データを比較し、示唆を出していく、といったことが考えられる。

―Step 3― 状況における体験の具体化

最後の手順は、状況における体験の具体化である。生活者モードを明確化したあとは、それを捕えるための体験を具体化することが必要になる。

体験を具体化するためには、まず、生活者モードを捕えるためのコンセプトを決定する。コト自体のコンセプトといっても良い。そして、決定したコンセプトをもとに、その体験を実現するにはどのような機能が必要かを洗い出し、機能同士の関係を構造化する。これによって、状況において新たに作り出す「生活者・物・情報のつながり」が可視化される。

機能同士の関係を整理する方法の一つとして考えられるのは、一般によく提示されているプラットフォーム型ビジネスの機能同士の関係を適用してみるというやり方だ。多くの書籍や記事で解説がなされている通り、多くの産業で生活者の接点を獲得し、生活者と様々なサービスをマッチングする「プラットフォーム」

一般的なプラットフォーム型ビジネスの機能構造

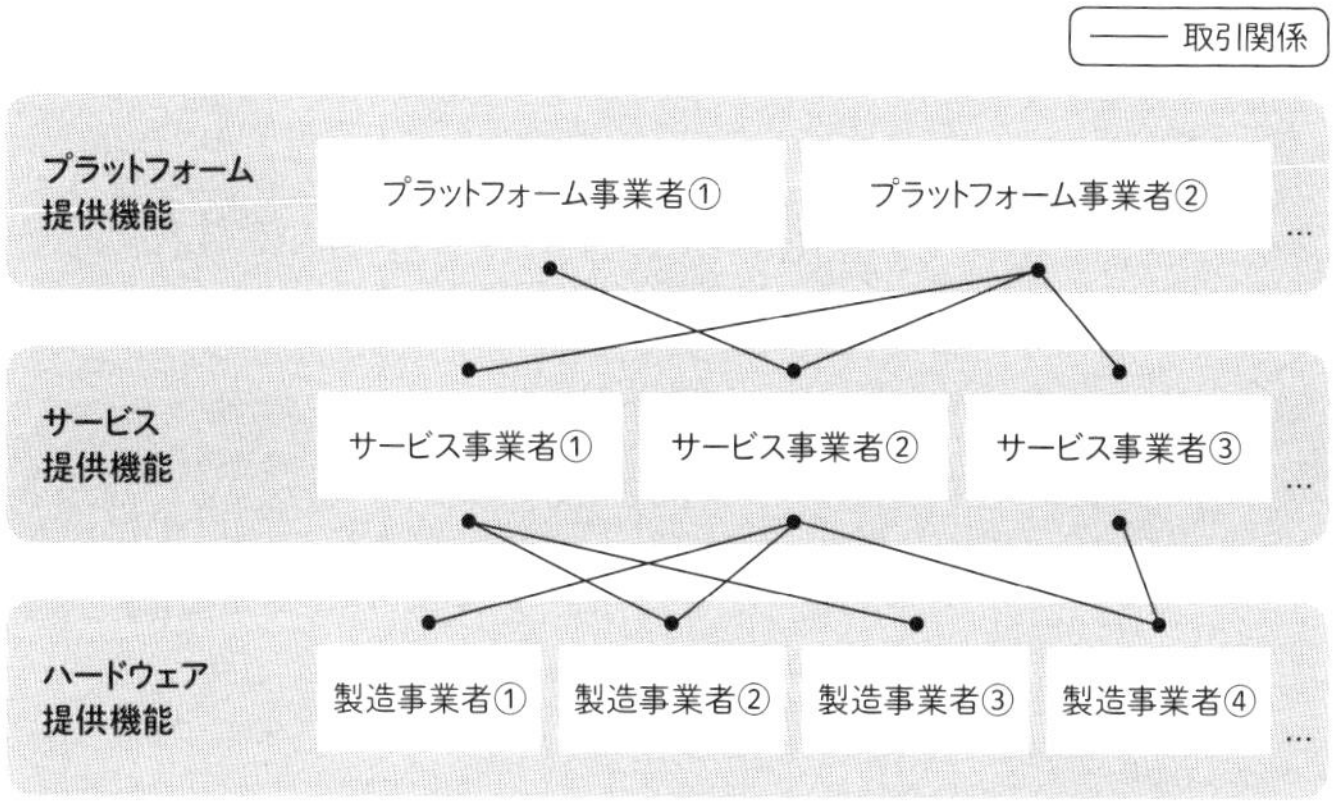

が台頭してきている。プラットフォーム型ビジネスの構造をベースに、体験を実現するための機能を考え、構造化することは、シンプルだが確実な方法であると考えられる。

デジタル化が進展しているビジネスの場合、上の図のように単一の機能がプラットフォーム化しているのではなく、複数の機能がプラットフォーム化していることもある。

例えば、次頁の図はインターネット広告ビジネスにおける機能を構造化した図だ。広告枠の需要と供給をマッチングするDSP（デマンドサイド・プラットフォーム）やSSP（サプライ

インターネット広告ビジネスにおける機能構造

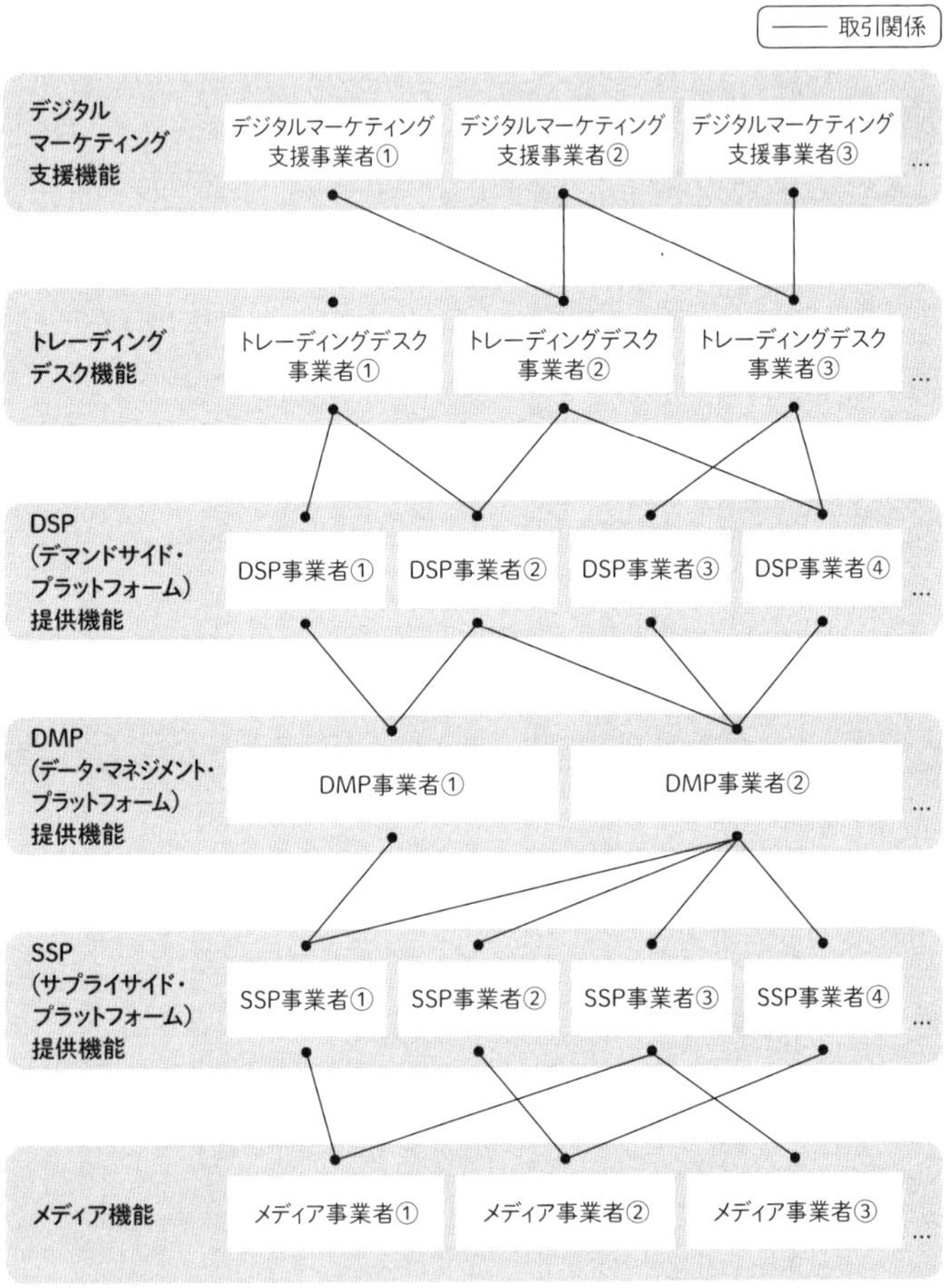

サイド・プラットフォーム）、広告枠を付加価値化するDMP（データ・マネジメント・プラットフォーム）といった、プラットフォーム化した機能がそれぞれ連携して、広告主と、媒体社をマッチングする仕組みが出来上がっている。この機能の構造は、需要と供給をマッチングすることによって体験を作り出したいときに広く転用できる。なお、ご存じの方も多いかもしれないが、このインターネット広告売買の機能構造そのものも、テクノロジーによって自動化が進んだ金融商品のトレーディングの機能構造を転用したものだと言われている。

既に成立している構造を活用することで、効率的に体験に必要な機能の構造化を行うことができると考えられるのだ。

・UXデザインの活用

「体験のコンセプトの策定」という手順に関連が深いビジネス手法として、「UX（ユーザー・エクスペリエンス）デザイン」が挙げられる。この言葉の定義は幅広く、明確に定まっているとは言いづらいが、あえて表現するならば、主にアメリカ西海岸のデザイン思考等のメソッドをベースに、生活者の課題を解決するような体験を作り出していく手法だと言える。生活者モード戦略においても、この手法は部分的には有効活用できるだろう。

ただし、活用の際には注意すべき点がある。UXデザインの多くは生活者個人に焦点を当てるインサイト型の体験コンセプト策定を行うことが多い。想定するターゲットの「ペルソナ化」を行ったり、ターゲットの「カスタマージャーニー」を描いたりすることは、あくまで生活者の内部から欲求が生じることを前提としている。本書の生活者モード戦略では、状況から生じる生活者モードを明確化し、捕えることが重要であるという立場を取る。個人のインサイト発見に偏りすぎると、生活者モードが見えなくなってしまう可能性があるため、UXデザインの手法のどの部分を活用するかは、慎重に検討する必要がある。

Phase 2

2 – 生活者モードを捕える エコシステムを「実現可能にする」

生活者モード戦略を描くための第二のフェーズは、エコシステムをビジネスの視点で「実現可能にする」フェーズだ。第一のフェーズで構想したエコシステムをビジネスとして成立させるべく、個々の業務の計画・実行のための指針を固める段階である。

Phase 1では、状況から生じる生活者モードを捕えるための体験や、体験実現のための機能を構造化した。これによって、生活者モードを捕えるエコシステムを構想したのである。しかし、これだけでは、実際にビジネスとして実現することはできない。いくら「プラットフォーム提供機能」「サービス提供機能」「ハードウェア提供機能」といった体験のための機能を構造化し、エコシステムを構想しても、実際に様々な企業がそれらの機能を担うように促進しなければ、絵に描いた餅になってしまう。また、エコシステムの中で自らが機能を担う際には、他の機能を担う企業に、ビジネスを行うパートナーとして選ばれるように、前もって準備しておく必要がある。

Ｐｈａｓｅ２では、このような課題をクリアし、構想したエコシステムをビジネスとして実現可能にしていくために、「他企業との提携」「システムの開発」といった個々の業務をどのように計画・実行していくかの指針を整理する。Ｐｈａｓｅ２で指針を整理することによって、個々の業務は、構想したエコシステムの実現に向けて計画・実行されていく。エコシステムの実現によって、生活者へ価値を提供することができれば、生活者モードを捕えるコト提供ビジネス企業への第一歩を踏み出したことになる。

・エコシステムの実現可能化に向けた二大テーマ「競争」と「協業」

エコシステムの実現可能化のためには、押さえるべき２つのテーマが次である。

■エコシステムの実現のために、どのように競争するか
■エコシステムの実現のために、どのように協業するか

「エコシステムの実現のために、どのように競争するか」については、自らがエコシステムの中で競争優位を確保するために明確にしていく必要があるテーマだ。後者の「エコシステムの実現のために、どのように協業するか」については、その必要性はすぐにわかるだろう。そもそもエコシステムは企業間の共存共栄の関係であり、他企業との協業を前提としている。

・競争の方針は「エコシステム・リーダー」になるか、「エコシステム・アダプター」になるかから

「エコシステムの実現のために、どのように競争するか」の観点では、まず自らがどのようなアプローチでエコシステムを実現するかを決め、その後それぞれのアプローチに適した戦略を策定していく必要がある。具体的には、「エコシステム・リーダーになる」「エコシステム・アダプターになる」という二つのアプロ

ーチのうち、どちらのアプローチを取るかを決めたうえで、そのアプローチごとに、競争上優位に立つための個々の業務のための指針を立てていく。

―「エコシステム・リーダー」になる場合

①いかにプラットフォームをつくるか
②いかに多くのエコシステムの重要機能を担うか
③いかに標準の規格をつくるか

構想したエコシステムが、まだ他企業によって開発されていない場合、「エコシステム・リーダー」として、そのエコシステムの開発をリードしていくアプローチを取る。エコシステムの開発をリードする場合、自らが競争上優位に立つために、次のことについて考え、エコシステム自体を新たに作り出し、それをコントロールできるようにすることが有効だ。

①いかにプラットフォームをつくるか

一般に様々な考察がなされている通り、「プラットフォームをつくる」アクションはエコシステムの開発をリードするためにまず考えるべきことである。特にＢｔｏＣのビジネスにおいては、生活者の接点を獲得し、生活者と提供する体験のための機能とをマッチングするプラットフォームは、非常に重要な存在になる。

プラットフォームを先行してつくることが重要な理由は、コト提供ビジネスにおける費用対効果のルール、つまり経済性に、次の３つの特徴があり、先行者優位が働きやすいことが多いためである。既に様々な書籍や記事、論文で考察されているため、詳細を述べることは避けるが、簡単に概要を記載したいと思う。

・ネットワーク効果

プラットフォームは通常、「生活者」と「体験のための機能（を提供する企業）」とをマッチングする機能を持つ。それぞれのグループの利用者が増えれば増えるほどそのグループの利用者の利便性が増すサイド内ネットワーク効果や、それぞれのグループの利用者が増えれば増えるほどもう一方のグループの利便性が増すサイド間ネットワーク効果が働くことが続き、プラットフォーム全体の利便性が大きく向上していく。つまり、先行してプラットフォームをつくり利用者を獲得すれば、急激に利便性が向上し、他の企業が追いつきづらくなる。

・データ解析による学習優位

プラットフォームをつくることにより、生活者との接点を獲得することができ、生活者がどのようにエコシステム内の機能を利用しているかのデータが蓄積される。このデータは、機械学習等のデータ解析に活用することで、プラットフォームの利便性向上に活用できる。機械学習による利便性向上は、通常、データが蓄積されればされるほど飛躍的に増していく。つまり、先行してプラットフォームをつくり利用者のデータを獲得すれば、急激に利便性が向上し、他の企業が追いつきづらくなる。

・収穫逓増

プラットフォームは通常、スマートフォンアプリケーション等のテクノロジーを通じて生活者に機能が提供される、テクノロジーサービスであることが多い。

現代においてテクノロジーサービスの「規模の経済」は、規模の増大による生産性の増大のほうが、コストの増大よりも圧倒的に大きい「収穫逓増」となる。つまり、先行してプラットフォームをつくり規模を拡大すれば、急激に収益が拡大し、他の企業が追いつきづらくなる。

②いかに多くのエコシステムの重要機能を担うか

エコシステムの開発をリードするために、プラットフォームをつくる他に検討すべきことがある。それは、「いかに多くのエコシステムの重要機能を担うか」である。エコシステムでは、実現に欠かせない重要な機能がいくつかある。それらの機能について、一つでも多く自らが担えるようにすることを考えるのだ。

エコシステムの開発をリードする場合、自らが開発したエコシステムには、後から様々な企業が参画してくる。その際、エコシステムの重要機能を担うことができる状態になっていれば、後から参画してくる企業が担おうとしている機能と、自らが担う機能とを連携し、その企業と適切な協業を行うことができる。エコシステムとは、ビジネスにおける共存共栄の関係である。エコシステムの中で協業ができるということは、自らの収益につながるということだ。エコシステムの多くの重要機能を自社が担えるようになることで、エコシステムに参画する企業に対して柔軟に協業することができ、なおかつ収益も上げていくことができる。

③いかに標準の規格をつくるか

エコシステムの中で受け入れられる「標準の規格」をつくることも検討するべきである。標準規格をエコシステムに参画した企業が受け入れることで、自らが担う機能が利用されやすくなるからだ。ただし、標準規格をつくる作業は、エコシステムに参画する企業が足並みを揃えて行っていく例も増えてきている。一社が先行して事実上の標準規格をつくってしまうまで独走できる場合はこのアクションは有効だが、そうでない場合はエコシステムに参画する企業とすり合わせながら規格を策定していったほうが得策であると考えられる。

―「エコシステム・アダプター」になる場合

①いかにエコシステム内で担う機能を一つに絞るか

②いかに自らと同じ機能を担う企業に対して差別化するか

構想したエコシステムが、他のより大きなエコシステムに含有されていたり、明らかに大きな影響力を持つエコシステム・リーダーによって開発されていたりといった理由で、エコシステムが既に存在している場合がある。そのような場合は、「エコシステム・アダプター」として、そのエコシステムに参画していくことで、自らの構想したエコシステムを実現可能にするアプローチを取る。次のように考えることで、競争力を持ってエコシステムに参画できるようにしていく。

①いかにエコシステム内で担う機能を一つに絞るか

既に存在するエコシステムの中に参画していく場合、エコシステム内で自らが担う機能を一つに絞ることを検討する。あるプラットフォームに対して、コンテンツ制作力を生かして情報サービスを提供するのか、あるいは、テクノロジーの知見を生かしてマッチングのためのアルゴリズムを提供するのか、といったかたちで、エコシステムの中で自分たちのどのような強みを生かし、何を提供するのかを明確にしていく。

また、機能を担えるようになるための手段も重要になる。あるプラットフォームにアルゴリズムを提供するという機能を担う場合、自らアルゴリズムを開発するという選択肢もあれば、他の企業から獲得するという選択肢もある。他の企業から獲得する場合も、ＯＥＭ、共同開発、業務提携、資本提携と、取りうる選択肢は様々だ。提携の在り方を綿密に検討する必要があるだろう。

②いかに自らと同じ機能を担う企業に対して差別化するか

エコシステムの中で協業するパートナーとして選ばれるために、自らと同じ機能を担う企業に対し、どのように差別化するかを検討する。エコシステムの中で同様な機能を担っている企業をリサーチし、彼らの強みや弱みを分析した上で、差別化を行っていく必要がある。

- **「協業企業の候補集め」「コンセプト共有」「テクノロジー連携」で協業の方針を立てる**

今度は、「エコシステムを実行する際に、どのように協業するか」という観点で考えるべきことを詳細に整理していこう。このテーマでは、次の3点について検討し、可能な限り幅広く柔軟に協業を実現していくことが重要になる。

①いかに協業企業の候補を集めるか
②いかに体験コンセプトを共有するか
③いかにテクノロジー連携するか

①いかに協業企業の候補を集めるか

まず必要になるのは、エコシステム内で協業する企業の候補を集めることである。様々な方法があるが、Phase 1のエコシステム構想段階で構造化した、「体験を実現するための機能」を保持する企業を、機能ごとにリサーチし、リスト化していくことが順当だろう。

ここでポイントとなるのは、対象となる企業が、想定する機能を完全に担えるような製品やサービスを持っていなかったとしても、協業先の候補として認識しておくべきだということだ。例えば、画像を機械学習によって解析し、店舗内に設置したカメラに映った人の特徴をデータ化し、店舗運営のための分析を行うことができる会社があったとする。このような会社の機械学習の技術は、自動車の車内にいる人の特徴のデータ化に転用できる可能性が高い。

このような、転用可能な企業の能力は「コアコンピタンス」とも言われる。コアコンピタンスは様々なかたちで転用することができる。現在その会社が提供している製品やサービスだけでなく、その裏にある転用可能なコアコンピタンスを見出し、分析することが、よりよい協業企業を集めることへの近道となるはずだ。

②いかに体験コンセプトを共有するか

協業企業の候補に対してどのように体験のコンセプトを伝えるかも重要な検討事項だ。体験のコンセプトはすでにＰｈａｓｅ１で明確化している。ここではそのコンセプトを協業先に対してわかりやすく、協業を動機づけするようなかたちでストーリー化していくことが必要になる。自分たちがどのような状況に向き合っているのか、そこにおいてどのような生活者モードを捕えようとしているのかをビジネスの文脈でわかりやすく伝えることがまず必要になるだろう。

ただし、そこまでで終わってしまうと、ただ、「こういったことができたらいいですね。では機会がありましたらまた……」というように協業まで行き着かない可能性もある。構想したエコシステムの中で、自らがどのような機能を担うのか、協業先にどのような機能を担うことを期待しているのかを明確にし、伝えていく必要があるだろう。

③いかにテクノロジー連携するか

もう一つ重要になるのは、テクノロジー連携の方法を明確化しておくことだ。いくら協業先との間で、お互いに取り組みを進めようと思っても、テクノロジーの観点から機能を連携することができず、協業が実現しなければ水の泡である。事前にある程度自らが担う機能を想定し、その機能と他の機能を連携できるような準備をしておく必要がある。

一般的には、ＡＰＩ（アプリケーション・プログラミング・インターフェース）の開発などは有効だろう。協業先のリクエストに対して自分たちの技術やデータを活用して何かしらのレスポンスを返す仕組みを構築すれば、機能間の連携が実現しやすくなり、協業が進みやすくなると考えられる。自らが特定の機能を担うにあたり、後々に他の機能と連携しやすいように、初期の段階から拡張性の高いシステムを開発したり、利用したりするといったことも重要になると考えられる。

・「観光での移動」の状況における自動車企業の生活者モード戦略

第3章では、「観光における移動」という状況での自動車企業のコト提供ビジネスの例として、「乗合自動車サービス」の提供を挙げた。自動車企業が乗合自動車サービスを提供すると決めるにあたって、どのような生活者モード戦略を策定していたと考えられるかを想像してみよう。

Ｐｈａｓｅ１　生活者モードを捕えるエコシステムを「構想する」

―Ｓｔｅｐ１―　状況の選定

まず、自動車企業が向き合っている状況は「観光地での移動」の状況だ。生活者の「移動」には、「都市部での移動」「地方での移動」など、場所の視点で大まかに区切ることができる。今回は、その中でも「観光地での移動」にフォーカスした、と言える。

―Step 2― 生活者モードの明確化

「観光地での移動」の状況から生じる欲求である生活者モードは、「思ってもいなかった新しい出会いが欲しい」であると規定した。第3章では、あくまで仮説としてこの生活者モードを提示したが、仮説を検証するための様々なリサーチをすることもできるだろう。例えば、「観光地での移動」と「日常的な移動」とで、移動の場所にどのような特徴の人々が居合わせているかをリサーチして比較検討したり、「観光地での移動」と「日常的な移動」とで、「見知らぬ人との会話」の発生率をインタビューやアンケートで調べてみたり、といったことも手である。

生活者のグループごとに比較するのではなく、あくまで「移動」の種類ごとにデータをまとめたり、比較したりするのがポイントだ。

｜Ｓｔｅｐ ３｜ 状況における体験の具体化

ステップ３では、最初の手順として、生活者モードを踏まえて「観光地での移動」の状況での体験を具体化する。第３章で考察した通り、仮説として「目的地がもっと楽しくなる移動中の出会い」というコンセプトが浮かび上がってくる。

次に、その体験のコンセプトを実現するための機能を整理し、構造化していく。ここで参照するとよいと思われるのが、一般的なＭａａＳビジネスの構造だ。ＭａａＳのエコシステムをベースにしながら、観光の移動の状況における必要な機能を明確にしていく。次のような機能の構造が考えられるだろう。

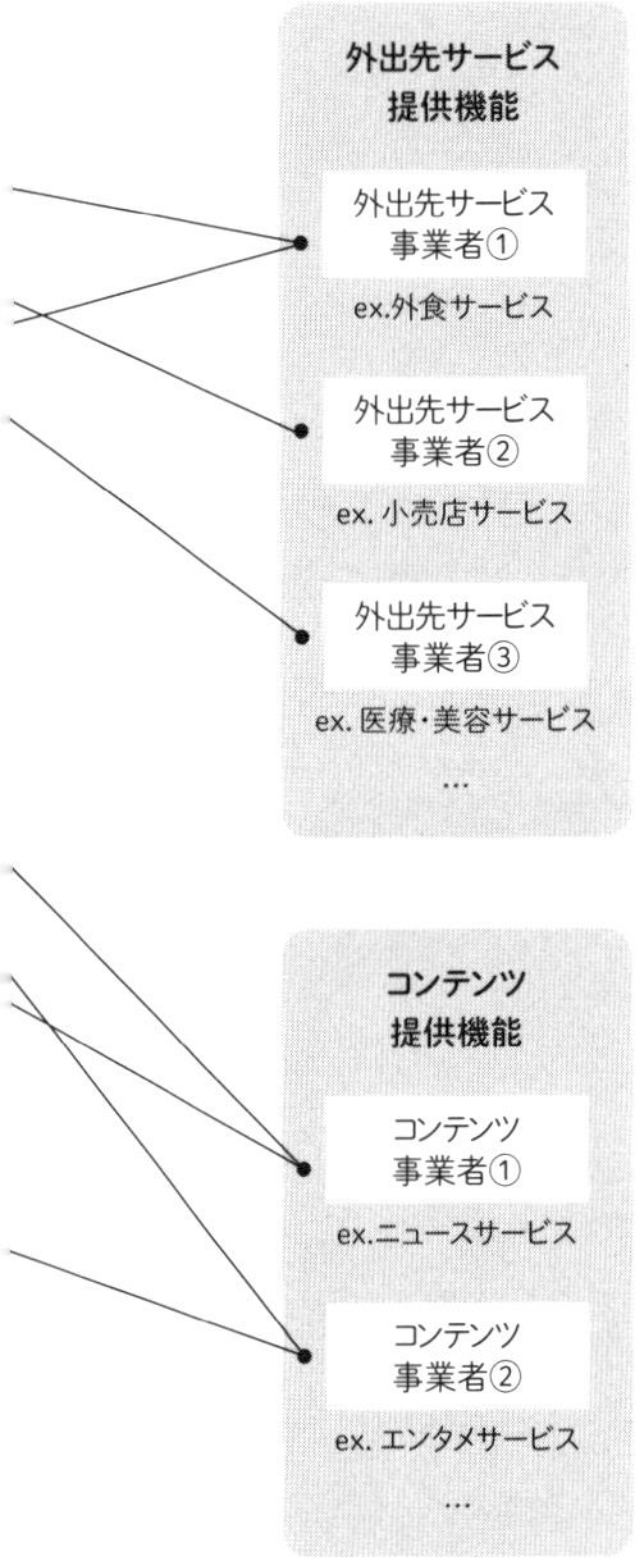

「観光での移動」の状況における体験の機能構造

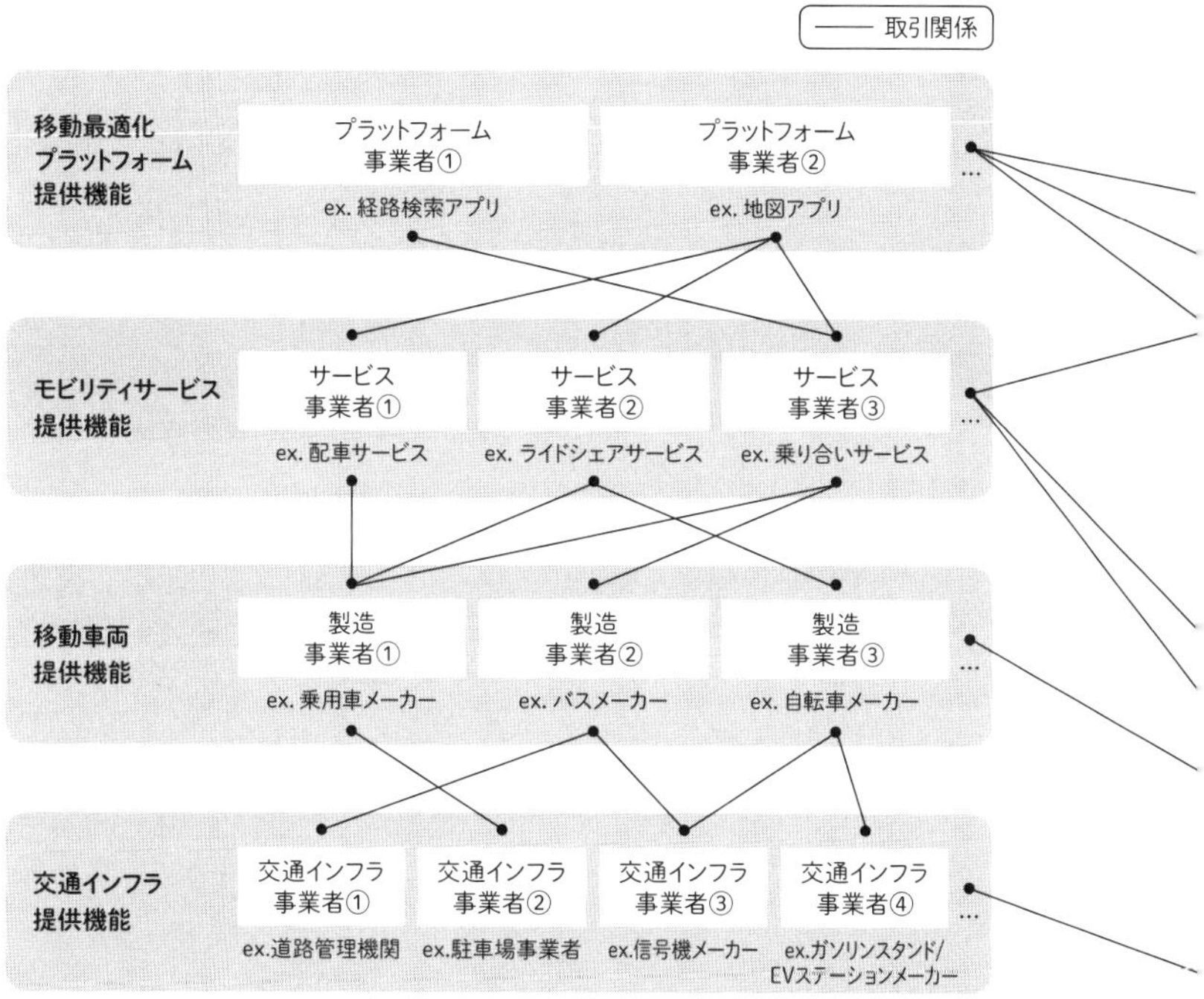

■エコシステムの実現のために、どのように競争するか

エコシステムの中でどのように競争するかを考える際に、まず考えることは、自らが「エコシステム・リーダー」になるか、「エコシステム・アダプター」になるかだ。今回、この自動車企業が構想した「観光地での移動」の状況のエコシステムは、一般的なＭａａＳのエコシステムと同様のものになっており、「移動最適化プラットフォーム提供」機能を担う企業や、「交通インフラ提供」機能を担う企業は既に存在すると考えられる。そのため、この自動車企業は「エコシステム・アダプター」として、既にエコシステムの機能を担っている企業の集団の中にどのように入り込んでいくかを検討していくことになる。

「エコシステム・アダプター」となる場合は、自らがエコシステムの中で、どの機能を担うかを特定する必要がある。今回、この自動車企業は、自分たちが開発する車両の製造技術と、アプリケーション開発力を生かして、「モビリティサービス提供」という機能を担うことにしたのである。

さらに、エコシステムの中のどの機能を担うかを決めた場合、自らが協業先から選ばれるために、同じ機能を担っている企業との間でどのように差別化を行うかも検討する必要がある。自動車企業が差別化の要素として着目したのは、「乗り合い」というサービスの形態だ。高い車両デザインの能力と、それを製造する能力が自分たちの強みとして明確になったので、その強みを生かして「乗客のコミュニケーションを促進するようなデザインの車両を製造し、乗合自動車サービスとして提供する」という差別化を行ったのである。

■エコシステムの実現のために、どのように協業するか

最後に、この自動車企業がエコシステムの中でどのように協業していくかの考え方についてだ。

エコシステムの中の「モビリティサービス提供」という機能を「乗合自動車サービス」によって担うと決めたこの自動車企業は、このサービスを状況における「生活者・物・情報のつながり」の中に入れ込み、つながりを活性化していく必要がある。そのためには、様々なプレイヤーとの協業を検討しなければならない。

まず、協業先として考えられるのは、「移動最適化プラットフォーム提供」の機能を担うプレイヤーとの連携である。簡単に言えば、移動最適化プラットフォームを担っている企業と協業し、生活者の観光地での移動の際の選択肢として、自分たちの乗合自動車サービスを告知してもらうようにするのだ。移動最適化プラットフォームの機能を担う企業は、既にいくつか現れてきているので、協業先企業を集めることは難しくないだろう。

もう一つ、協業先として考えられるのは、「コンテンツ提供」機能を担う企業だ。この企業は、様々な候補が考えられる。現在、車両内にコンテンツを配信していなくても、コンテンツの形式を転用することで比較的容易に車両向けのコンテンツは制作できる。様々なコンテンツ・ホルダーが候補として挙がってくるだろう。

協業について持ちかける際には、「目的地がもっと楽しくなる移動中の出会い」という、体験を具体化するためのコンセプトをしっかりと伝えていくことが重要だ。コンセプト決定時に作成した体験イメージ等があれば、それを活用して協業提案のためのドキュメントを作成してもいいかもしれない。また、協業を持ちかける際には、コンテンツを配信する際の受け口となる放映システムを車両に持たせ、その仕様を外部に公開できるようにしておくことも重要になるだろう。

このように、「乗合自動車サービス」を提供する際には、そのサービスを提供するために、状況におけるエコシステムをどのように実現するかを、様々な観点で考えることが必要になってくる。エコシステムの実現までの道のりを描けて初めて、この自動車企業の乗合自動車サービスは、「生活者・物・情報のつながり」に入り込むことができるようになる。生活者に価値を提供し、生活者モードを捕えることができるようになるのだ。

・「家事」の状況における日用消費財企業の生活者モード戦略

「家事」の状況において、日用消費財企業がカスタム洗剤配送サービスを提供するための生活者モード戦略についても考えてみよう。

Ｐｈａｓｅ １　生活者モードを捕えるエコシステムを「構想する」

―Ｓｔｅｐ １―　状況の選定

日用消費財企業が洗剤を製造していることを想定して「家事」の状況にフォーカスをした。「洗濯」という限られた経験だけでなく、あえて「家事」という広めの状況を設定することで、様々な可能性を考えられるようにしている。

―Ｓｔｅｐ ２―　生活者モードの明確化

家事の状況から生じる、生活者自身も気づいていない欲求「生活者モード」として「誰かを家に招いて、もてなしたい」を規定した。この生活者モードの仮説検証をするためにはどのようなリサーチが考えられるだろうか。家事を行う生活者の行動観察やデプスインタビューの他、ＳＮＳでどのような投稿が行われているかを調査する、ソーシャルリスニングを活用することは一つの有効な手段ではないかと考えられる。

「家事」の状況における体験の機能構造

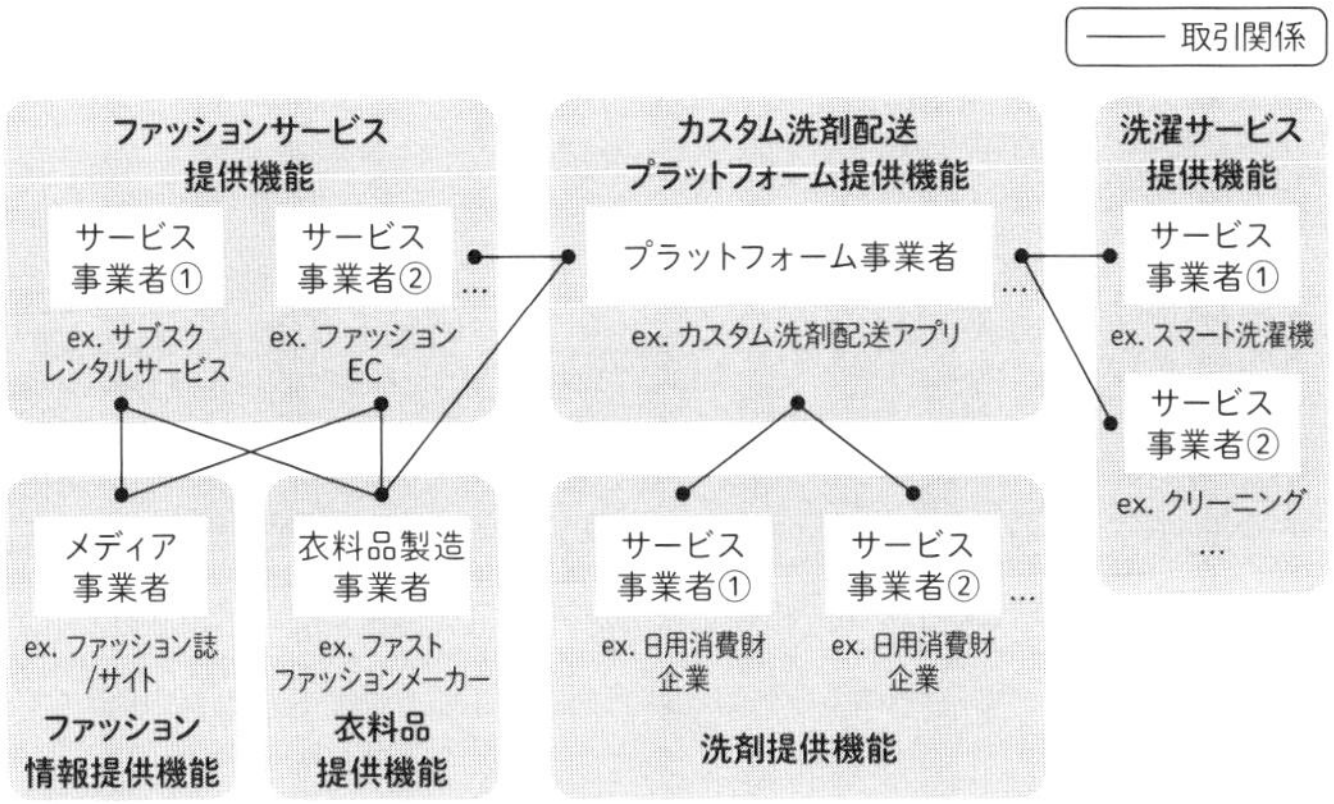

―Step3― 状況における体験の具体化

このステップでは、まずは「誰かを家に招いて、もてなしたい」という生活者モードを捕えるための体験コンセプトを策定する。第3章で提示している「常にベストな洗い上がりの服を着て、客をもてなす」がこれに当たる。

さらに、この体験のコンセプトを実現するための機能を整理し、構造化していく。ミールキットサービスなど、他の商品カテゴリーのカスタム配送サービスの機能構造などを参照することが有効だと考えられる。

上の図のような機能の構造が考えら

れるだろう。「カスタム洗剤配送プラットフォーム提供」という機能を中心に、「洗剤提供」「ファッションサービス提供」「洗濯サービス提供」といった様々な機能を配置できる。この構造が、日用消費財企業が構想した、洗濯のコト提供ビジネスのエコシステムである。

Phase 2　生活者モードを捕えるエコシステムを「実現可能にする」

■エコシステムの実現のために、どのように競争するか

この日用消費財企業は、家事の状況において、洗濯に関連するビジネスの「エコシステム・リーダー」になることを選択している。少なくとも洗濯に関しては、「既にエコシステムを実現している」と言える有力プレイヤーは見当たらないためだ。

今回、この日用消費財企業は、エコシステム・リーダーとなるにあたって、生活者にとって最適な洗剤を選んで届けてくれる「カスタム洗剤配送プラットフォーム」をつくることを検討した。

このプラットフォームは、洗濯する生活者のタッチポイントを押さえ、生活者に最適な洗剤をマッチングする。ポイントとなるのは、多少利益が出ない状態が続いても、プラットフォームを使ってもらう生活者の数を増やすことである。利用する生活者が増えれば、プラットフォームの利便性を高めるための洗濯の仕上がりに関する志向性のデータや衣服についてのデータが増加していく。データを分析し、プラットフォームの利便性向上のために活用することで、さらに利用する生活者が増える、という良い循環を生み出すことができる。

また、マッチングされる洗剤を、自分たちの商品だけに限定しないことも重要になる。最初に自分たちの商品に絞ってテストを行うことはあるかもしれないが、なるべく早い段階で、他の日用消費財企業に対してもプラットフォームを開放し、多様な洗剤を配送の対象にすることを検討するべきだ。プラットフォームに商品を提供するプレイヤーが増え、マッチングすることができる洗剤が多様になるほど、生活者の利便性は高まる。ネットワーク効果を狙っていくのである。

最適な洗剤を選択して配送するまでの過程を、可能な限りシステム化しておくことも大事である。プラットフォームを利用する生活者や、プラットフォームに商品を提供する日用消費財企業が増えた際に、低コストで規模を拡大していけるようにしておくことが望ましい。生活者への洗剤配送までの過程をシステム化しておくことで、収穫逓増の法則によって低コストで規模の拡大を行いやすくすることができるだろう。

■エコシステムの実現のために、どのように協業するか

日用消費財企業が、洗濯のコト提供ビジネスのエコシステムにおいて、どのように協業を行っていくべきかについて考えてみよう。

エコシステム・リーダーである、この日用消費財企業は、エコシステムの中で、プラットフォームを提供する機能を担う。プラットフォームを担う企業は、可能な限り幅広く他企業との協業の在り方を検討し、エコシステムへ参画する企業を増やすことが望ましい。エコシステムの中の取引を活性化させることで、収益を上げていくことを狙うのである。

自分たち以外の日用消費財企業にプラットフォームを開放し、洗剤を提供してもらうことが重要であることは、先に述べた通りだ。

他の協業の在り方としては、例えば、家電企業と協業することが考えられる。家電企業が作るスマート洗濯機と、日用消費財企業が提供するスマートフォンアプリをテクノロジー連携することができれば、「配送される洗剤に最も適した洗濯方法が、洗濯機に自動で設定される」「洗濯機の利用頻度や時間などのデータを、スマートフォンアプリ経由で取得し、最適なカスタム洗剤の選定に役立てる」といったことが可能になるかもしれない。プラットフォームと連携する家電企業にとっては、自分たちの洗濯機の使い勝手が良くなる。プラットフォームを提供する日用消費財企業にとっても、配送する洗剤を使った適切な洗濯設定を、ユーザーに促すことができるようになる。両者が協業することで、共存共栄の関係を作ることができる。

協業の実現のためには、候補となる家電企業を集め、洗濯体験についてのイメージを具体的に伝えること、そしてテクノロジー連携するための仕様を家電企業に対して積極的に公表することが有効となる。

以上のようなことが、日用消費財企業が、「カスタム洗剤配送プラットフォーム」

を提供し、エコシステムを実現するための要点となる。

エコシステムを実現するための絵図を描く手順紹介を通して、いかに「生活者モード戦略」を策定するかを示してきた。生活者モードを捕えるエコシステムを構想し、実現可能にする過程で、自分たちがどのような「ヒト／モノ／カネ／情報＝経営資源」を活用すべきか、その経営資源を活用して、個々の業務をどのように計画し、実行すべきかが見えてくるはずだ。例えば、エコシステム・リーダーになるか、エコシステム・アダプターになるかで、どのような人材を配置するべきか、どのような物品を調達するべきか、いくら投資すべきか、どのような情報を収集すべきか、といったことは大きく変わるし、個々の業務の計画、実行の仕方も異なってくる。生活者モード戦略を策定することで、生活者モードを捕えるための実務の意思決定において、常に参照できる指針を得ることができるのである。

CHAPTER

05

生活者モードを捕える
新たなマーケティング

1 − コト提供ビジネスにおける「問い」に呼応するマーケティングの潮流

コト提供ビジネスを実現するうえで、マーケティングではどのような活動をしていけばいいのだろうか。本書では、そもそも「マーケティング」の定義や、コト提供ビジネスのために実行すべきことの中で「マーケティング活動」がどのような位置づけとなり、他の企業活動との関係性がどのようになるかといった概念的な議論は、様々な視点があり一様に定まっていないところもあるため、考察することは避けたいと思う。

しかし、昨今のマーケティングにおいては、コト提供ビジネスにおいて重要になる「問い」に呼応するようなかたちで、従来の「考えるべきこと」「考え方」

をアップデートしたり、拡張したりするような試みが既にいくつも出てきている。
まずは、そのようなマーケティングの潮流について、簡単に触れていきたいと思う。

・「ブランドパーパス」「マーケティングオートメーション」「共創マーケティング」

コト提供ビジネスにおいて重要となる問いは、**「いかに生活者へ価値提供を行うか」「いかに収益を上げるか」「いかに継続的に自らを革新し続けるか」**であった。

近年注目されているマーケティングには、これらの問いに対して、「顧客満足を軸として商品やサービスが売れる仕組みをつくる」という、マーケティングが従前から果たしていた本来の機能を応用することで答えるようなものが多くなってきている。あくまで一部となるが、それぞれの「問い」へ呼応するマーケティングのトピックを挙げてみよう。

「いかに生活者へ価値提供を行うか？」という問いに対しては「ブランドパーパス」というキーワードが表れ、企業の掲げるビジョンやミッション、理念と深く連携させた訴求を行う考え方をマーケティングに取り入れ、価値提供をより力強く行おうという動きが広がりを見せている。

「いかに収益を上げるか？」という問いに対しては、ＬＴＶ（顧客生涯価値）を向上させるＣＲＭ（顧客関係管理）がテクノロジーの力を借りながらますます発達していることが挙げられる。ＣＲＭの考え方自体は従来あったものだが、近年、マーケティングオートメーションシステム、カスタマーサクセスツール等のマーケティングテクノロジーの導入が進んだ。既存のマーケティングのコストを削減して、新たなマーケティングを実践することでＬＴＶを増加させていくことが、ますます実現しやすくなってきているのだ。

「いかに継続的に自らを革新し続けるか？」という問いに対しては、ＳＮＳ上の顧客の声を収集し、商品やサービスを改善していく「共創マーケティング」が近年注目されてきた。商品やサービスについてのファンコミュニティや、ＴｗｉｔｔｅｒやＦａｃｅｂｏｏｋといったＳＮＳのユーザーなど、企業が生活者の声を聞き入れることで、企業が想定もしていなかった製品活用のアイデアが発見される、といった事例が多く出てきている。オンラインコミュニティを管理運営するソフトウェア・ツールも活用されている。

以上は、あくまでマーケティングにおいて昨今よく議論されている話題の一部ではあるが、これらのトピックからは、コト提供というビジネスの方向性に呼応するかたちで、従来の型にとらわれないマーケティングが広がっていることが、見て取れるのではないだろうか。今後も、様々な新しいコンセプトが、コト提供ビジネスの3つの問いに答えるようなかたちで立ち上がってくるだろう。

しかし、マーケティングにおいても、実際に取り組む上で、これらすべてを実行していくのは、当然簡単ではないし、第3章での優先順位を決定する際の議論と同じように、膨大な選択肢の中から、「まず始めるべきこと」を見定めた上で、優先順位をつけて取り組んでいく必要があるだろう。

本書では、コト提供ビジネスの実現のためにまず答えるべき問いとして「いかに生活者へ価値提供を行うか?」を設定している。この問いに答えるためのマーケティングの新しい在り方を、「生活者の新たな経験」「状況」「生活者モード」といった、第1章で提示した本書の重要なコンセプトを踏まえて考察していきたい。

2 コト提供ビジネスにおけるマーケティングの在り方

我々は、コト提供ビジネスにおけるマーケティングの主要な役割の一つは、「生活者の多様な状況に対して、自らが提供するコトをマッチングし、体験してもらうこと」であると提起したいと思う。

どういうことだろうか。本書で言う「コト提供」とは、状況における「生活者・物・情報のつながり」の中に商品やサービスを入れ込み、つながりを活性化させることだ。コト提供を実現できたならば、今度は少しでも多くの生活者に自分たちが提供するコトを体験してもらう必要がある。

先に挙げた、自動車企業のコト提供ビジネスを例に考えてみよう。自動車企業が向き合っていたのは、「観光地での移動」の状況である。この状況において自動車企業がコト提供を行うためには、エコシステムを実現し生活者に価値を提供できるようになるべきであるということは、既に3章、4章で説明した通りだ。

　では、彼らが提供するコトを、少しでも多くの生活者に体験してもらいたいとき、何をしたらいいだろうか。ここでマーケティングの出番となる。自動車企業は、生活者が「観光地での移動」の状況に置かれたときに、自らが提供するコトを少しでも多くの生活者に体験してもらうために、策を打つ必要があるのだ。生活者が「観光地での移動」という状況に置かれたとしても、自らが提供するコトを体験してもらえなければ、せっかくコト提供を実現できるようになっても意味がなくなってしまう。

　マーケティングの対象の生活者が、「観光地での移動」という状況に置かれている場合は、比較的、話はシンプルだ。自分たちが提供するコトをなるべく多く利用してもらうために、生活者に対して施策を行えばいい。しかし、当然ながら、生活者は常に「観光地での移動」という状況に置かれているわけではない。生活者に自分たちが提供しているコトを体験してもらうためには、「観光地での移動」という、自らがコトを提供している状況以外の、生活者の多様な状況に対するマーケティング施策を考えることが必要なのだ。

・生活者の多様な状況とコトをマッチングする

ここで重要になるのが、生活者の多様な状況と、自らが提供するコトをマッチングするという考え方である。コト提供ビジネスを成功させるためには、「観光地での移動」以外の状況に置かれている生活者に対しても、自らの提供するコトを認知してもらったり、利用意向を持ってもらったり、実際にサービスを利用するための登録をしてもらったりする必要がある。そのためには、「観光地での移動」以外の生活者の多様な状況を把握し、それらの状況と自らが提供するコトを、いかにマッチングするかを考える必要があるのだ。我々は、このマッチングこそがコト提供ビジネスにおけるマーケティングの主要な役割だと考えている。

従来、マーケティングの役割は、主に「生活者個人」と自らが提供するモノとをマッチングさせることだった。それは、企業が、「生活者個人がモノそのものを意識的に選び、受容する」という生活者の経験を前提として、モノ提供ビジネスを行っていたからだ。しかし、「生活者のネットワークがモノと情報が結びついた環境を感覚的に選び、受容する」新しい経験を前提としたとき、企業のビジネスは、状況に商品やサービスを入れ込む「コト提供」に変化する。これを踏まえるかたちで、マーケティングがマッチングする対象も、「生活者の多様な状況」としていく必要があるのだ。

コト提供ビジネスにおけるマーケティングの役割

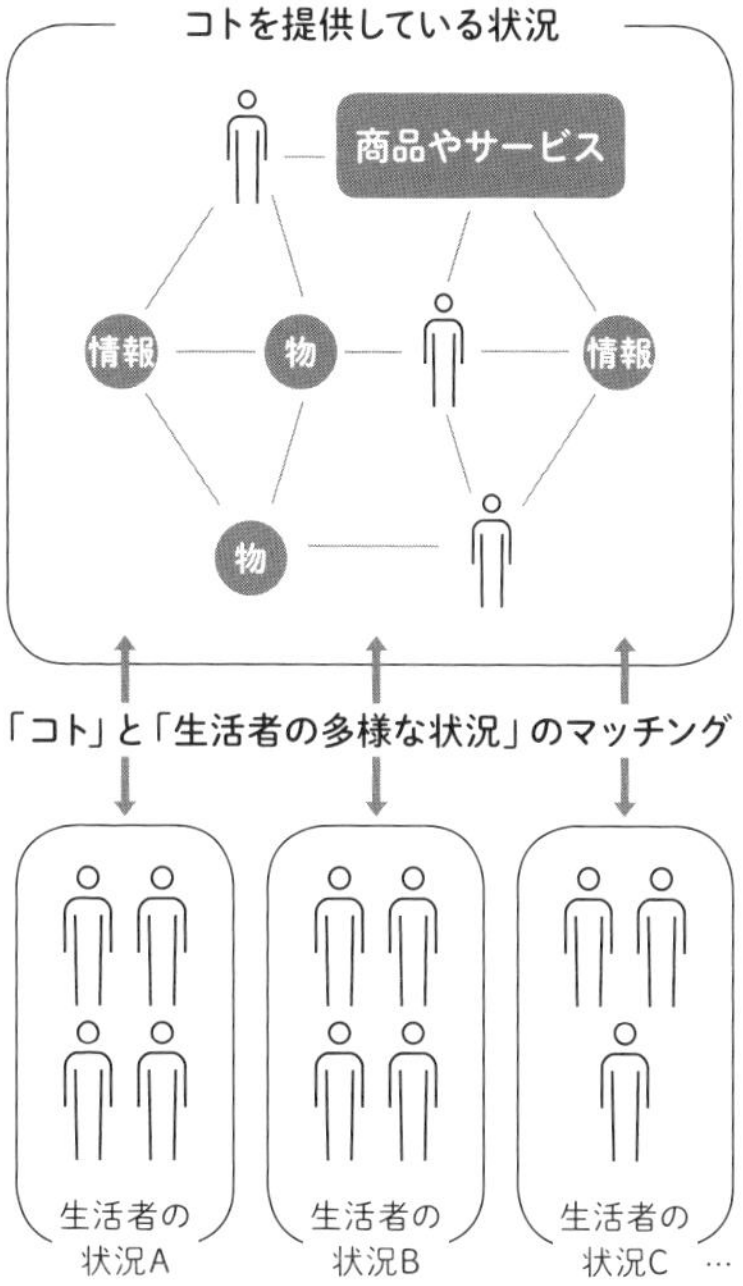

生活者の多様な状況を把握し、それらの状況で自分たちが提供するコトの認知、利用意向、利用行動などを促進する施策を実施する

本書で例として挙げている、自動車企業のコト提供で考えてみるといい。観光地での移動の状況において、「目的地がもっと楽しくなる移動中の出会い」というコトを提供するためには、どのような「生活者個人」を想定すればいいだろうか。

そもそも、「目的地がもっと楽しくなる移動中の出会い」というコト自体、「個々の生活者の属性」に影響を受けて生じる欲求を捕えるために設計されたものではない。コトを体験してもらうためのマーケティング施策の対象として適切な生活者の属性の共通条件を想定するのは容易ではない。

施策の対象となる生活者個人の条件を決め、そこから施策のための訴求のコンセプトを作ったとしても、そのコンセプトを生活者個人に届ければ施策が成功するかというと、そうとも限らない。生活者は様々な状況の中で生きている。状況によって、コンセプトが受け入れられたり、受け入れられなかったり、といったことは、よくあることだ。

そのようなことを考えると、コト提供ビジネスのマーケティングにおいてコトとマッチングするべきなのは、やはり生活者個人ではなく、生活者の状況だろう、と考えられるのである。

生活者の状況とコトのマッチングを行うためには、従来のモノ提供ビジネスのマーケティングで一般的だった考え方、やり方とは異なるかたちで施策の方針策定と具体化を行う必要がある。ここでも重要になるのが、本書のキーコンセプトである「生活者モード」だ。

・施策の方針立案のベースは、「STP」から「状況」と「生活者モード」へ

従来、モノ提供ビジネスのマーケティングでは、STP（「セグメンテーション」「ターゲティング」「ポジショニング」）によって、属性で生活者をグループ化し、他商品・サービスとの差別化を行うことで施策の方針を立案するというのが一般的な考え方だった。モノを届けるべき生活者個人を、属性でグループに束ねる。そのグループについてよく知った上で、モノの位置づけや訴求のコンセプトを考えていく。そのような考え方が有効だったのだ。

一方で、コト提供ビジネスのマーケティングでは、マーケティング施策の方針を立案する際に、「生活者を取り巻く状況」に着目することが有効になる。カギとなるのは、生活者モードである。マッチングすべき生活者の状況を決定した上

で、その状況における「生活者・物・情報のつながり」がどのようなものか、それに影響を受けてどのような欲求が生じているかを明らかにするのだ。その欲求に合わせてコトを訴求していくことが重要になる。

・施策の具体化は、「4P」を「状況」に応じて再編成し、生活者モードを捉える

また、モノ提供ビジネスのマーケティングでは、「プロダクト」「プライス」「プレイス」「プロモーション」の４Ｐについての施策をマーケティングミックスすることで施策を具体化することが主要なやり方であった。マーケティングミックスによって、商品・サービスの認知〜購入／再購入までのファネルをたどる生活者の数を最大化することが第一と考えられてきたのである。それぞれの施策の具体化は、業界ごと、４つの「Ｐ」ごとにある程度セオリーとして定型化されており、その型の中でどのような施策を打つか、ということにフォーカスがいきがちだった。

これに対して、コト提供ビジネスのマーケティングで施策を具体化する際には、状況に応じて達成すべき施策の目的や指標を設定し、そのために適切にアプロー

チする施策を組み立てることで、生活者モードを捕えていく必要がある。

そこにおいては、何の効果を出すために、どのような施策を行うべきか、は状況に応じて流動的になる。なぜなら、従来４Ｐとして分けられ、個別のセオリーがあったマーケティングの施策は、つながるテクノロジーによって、柔軟に変化させたり、組み合わせたりできるようになっているからである。

生活者は、つながるテクノロジーを介して様々なモノや情報と常につながっており、従来の４つの「Ｐ」に関わることは、やろうと思えば、スマートフォン等の情報端末を通じて、いつでもどのようにでもできてしまう。「プロダクト」について言えば、オンラインのカスタマイズサービスを用いれば、商品やサービスの内容自体を自分好みに変更することができるし、「プライス」については、商品やサービスの価格を、スマートフォン上に表示されるクーポン等で変動させることもできる。「プレイス」に関して言えば、ＥＣでいつでも、どこでも商品やサービスを購入できるし、「プロモーション」については、商品やサービスを調べたいときに、すぐにその場でそれらの情報にアクセスすることは、現代では当たり前のことだ。

わかりやすいのが店舗の例である。モノ提供ビジネスでは、「店舗」＝「買う場所」であった。４Ｐのうちの一つとして、流通施策や棚取り、販促施策などの様々なセオリーがあった。コト提供ビジネスでは、どこでもＥＣで商品を購入することができる。つまり、「店舗」＝「買う場所」ではなくなってきているのだ。では、「店舗」にどんな役割を担わせるのか？　ということから、自らが提供するコトを起点に考え直すことが求められる。

そこにおいて重要になるのは、生活者の状況を正しく理解し、状況に合わせてコトを体験してもらうための施策を、様々なかたちで編成できるかどうかだ。今までマーケティングの方針を実現していくために「ミックス」されるべきとされてきた４つの要素は、コト提供においては生活者を取り巻く状況に合わせて再編成されるべきなのである。

・自動車企業の新しいマーケティングのイメージ

新しいマーケティングの在り方のイメージをさらに膨らませるために、再度、自動車企業のコト提供ビジネスの例で考えてみよう。

乗合自動車サービスによって「目的地がもっと楽しくなる移動中の出会い」というコトを提供する自動車企業が、コトを体験してもらうためにマーケティングを行う場合、アプローチしていくべき生活者の状況は次のようなものが考えられるだろう。いずれも、「目的地がもっと楽しくなる移動中の出会い」というコトと親和性が高いと考えられる状況だ。

○「旅行を計画している」状況
○「家族や友達で集まって楽しい時間を過ごしている」状況
○「思ってもみなかった新たな出会いのある」状況

まず、施策の方針策定を行っていく。例えば「旅行を計画している」状況について考えてみよう。この状況では、生活者は旅行の意向度が既に高いことから、自らが提供するコトについて、詳しく理解してもらい、可能であれば利用のための登録を行ってもらうことが施策の目的になるだろう。

では、この状況から生活者にはどのような欲求が発生するだろうか。

まずは、「旅行を計画している」状況では、生活者はどのように物事を経験しているかから考えてみよう。多くの生活者は、旅行の同行者のネットワークに、メッセージアプリ等の何らかの手段で情報を共有しながら、旅行の計画を決めていると考えられる。また、ホテルや観光スポット、飲食店といった旅行先の情報は、Ｗｅｂ上で検索され、それらは現実の位置情報が紐づけられ、地図上に表示される。生活者はちょうど、地図上に大量のピンが刺さっているところを見ているかのような、リアルの空間に旅行についての膨大な情報が溢れる環境の中で、訪れるスポットの検討を行っている。そんな中で、生活者は一つ一つの情報を深く吟味する時間や気力はなく、パッと目についた「華やかさ」や「映え」に感覚的に反応することで、訪れるスポットを決めている……。「旅行を計画している」状況における生活者の経験は、このようなものが想像できる。

この「旅行を計画している」状況から生じる欲求は、どのようなものだろうか。どのような属性の人が旅行を計画しているかによらず、共通して持たれることが想定される欲求として、例えば、「みんなが感覚的に納得する旅行スポットのイメージが欲しい」といったものが考えられる。膨大な情報が地図上にプロットされている環境の中で、自分のネットワークが納得できる旅行スポットを選んでいくには、どうしても「パッと見」でみんながここに行こうと決めることができる旅行スポットのイメージが必要になってくるのだ。

　この欲求を捕えることを意識しながら、自動車企業が、どのようにサービス内容についての理解や、サービスへの登録を促進していくべきかを考えてみよう。乗合自動車サービスで実現する「目的地がもっと楽しくなる移動中の出会い」を訴求するためには、まず、「移動そのものが旅行スポットと同じくらい重要な旅のワンシーンである」ということを伝えることが必要になる。そのうえで、「乗合自動車での盛り上がりのイメージを、シェアしやすいかたちで提供する」ことが、生活者モードを捕えるうえで有効になるだろう。「旅の思い出は着いた先だけにあると思っていませんか？」「今までにない思い出を、車の中で」。そういったコンセプトが考えられるのではないだろうか。このようなかたちで、生活者の状況に適した訴求のコンセプトを明確にしていく。

　続いて、施策を具体化していく段階に入る。「旅行を計画している」状況で様々なタッチポイントを再編成し、施策を設計していく。例えば、次のようなタッチポイントが有効になるだろう。

○旅行に関する検索結果画面／旅行情報サイト
○旅行先のＳＮＳ投稿
○旅行代理店の店頭
○スケジュール管理アプリケーション

　このタッチポイントで生活者個人にアプローチすればいい、という話ではない。タッチポイントによってアプローチする生活者の後ろに隠れている、様々なつながりも踏まえて４Ｐを再編成し、生活者モードを捕えることを意識する必要がある。

「プロダクト」という観点では、乗合自動車サービスを利用した際の動画を投稿することに対してインセンティブを与えるプログラムを展開する、というのは一つの案だ。利用者の持つネットワークに拡散されたサービス利用の動画は、やがて次の旅行計画中の生活者によって参照され、彼らがサービスについて理解を深めることにつながっていくからだ。「プライス」「プレイス」という観点からは、旅行情報サイトとタイアップし、ホテル予約と同時にサービス登録を行った際に価格をダイナミックに変動させる、という戦術が考えられる。「プロモーション」という観点では、乗合自動車での盛り上がりを伝えるということを考えると、やはり動画による訴求が最も有効になるだろう。ＳＮＳプラットフォーム内での自社アカウントからの投稿、広告配信はもちろんのこと、旅行代理店の店内や店付近でのサイネージ端末での広告配信なども施策のアイデアとして考えることができる。

・日用消費財企業の新しいマーケティングのイメージ

日用消費財企業のコト提供ビジネスにおけるマーケティングは、どのようなかたちになるだろうか。

カスタム洗剤配送のプラットフォームによって「常にベストな洗い上がりの服を着て、客をもてなす」というコトを提供する日用消費財企業が、それを体験してもらうためにマーケティングを行う場合、下記のような状況にアプローチしていくことが有効だ。いずれも、「常にベストな洗い上がりの服を着て、客をもてなす」というコトに親和性が高いと考えられる。

○「おしゃれをして出かける」状況
○「友人や同僚と食事をする」状況
○「インテリアや家電などの住居用品の購入を検討している」状況

「おしゃれをして出かける」状況を例に、施策の方針について考えてみよう。この状況は、いわゆる「ハレ」の状況であり、何かを生活者の印象に残したり、何かについて共感させたりすることがしやすいと思われる。このことを踏まえると、自分たちが提供するコトについて認知してもらい、好意を持ってもらうことが施策の主な目的になるだろう。

この状況から生じる生活者モードは、どのようなものだろうか。

「おしゃれをして出かける」という経験は、つながるテクノロジーによって、経験の主体、経験の対象、経験の仕方の観点で従来とは異なる特徴を持つようになっている。生活者は常に自身のネットワークに、誰と出かけているか、どんな場所に出かけたかといった情報を共有している。店舗の位置情報や、店員や商品の評価情報を、すぐにオンライン上で現実の店舗と紐づけたかたちで参照することができる環境がある。おすすめの訪問先をレコメンドするＷｅｂサイトやアプリケーションなどによって、感覚的に出かける先を決めていく。

そのような経験の状況では、例えば、「誰からもレビューされていない、意外性のあるお出かけスポットが欲しい」というような欲求が発生しているのではないだろうか。この生活者モードを意識しながら、認知や好意を促進するための施策の方針を立てていく。施策のコンセプトとしては、「お出かけ先に着ていくようなおしゃれな服で友人の家に集合して、今までになかった楽しい時間を過ごそう」といったものが考えられる。

施策を具体化していく際には、「おしゃれをして出かける」状況の様々なタッチポイントを活用して、マーケティングの４Ｐを再編成していく。

○スマートフォン上の広告
○駅や街中の看板広告／デジタルサイネージ広告
○衣料品店やセレクトショップ
○街中のポップアップストア

　これらは、生活者がおしゃれをして出かける状況にアプローチしやすいタッチポイントだ。認知や好意の促進が施策の目的なので、特に「プロモーション」の施策を中心に行っていくことになる。例えば、表参道や銀座で、屋外ビジョンを使いコンセプトを体現するような動画広告を配信するとともに、実際にカスタム洗剤配送プラットフォームを使った洗濯を体感してもらうポップアップストアを展開する、といったことが考えられる。

　今までの洗剤のマーケティングでは、表参道や銀座のデジタルサイネージで広告を流したり、ポップアップストアで商品を体感させたりといった施策は、必ずしも多くなかった。高い頻度で洗剤を購入するであろう「主婦」を主なターゲットとし、主婦に対して効率的にアプローチするために、テレビＣＭを放送したり、量販店で販促を行ったりすることが効果を発揮してきたし、今も十分に効果を発揮しているからである。

コト提供ビジネスにおいて、生活者の状況にコトをマッチングする、という発想を持つことで、それまであまり見られなかった新鮮なマーケティング施策を、従来の施策に加えてトライしていくことができるのだ。

もちろん「プロダクト」「プライス」「プレイス」の観点からも施策の設計は可能だ。「プロダクト」については、「お出かけ先で購入した衣料品のタグを写真に撮り、カスタム洗剤配送プラットフォームが提供するアプリにアップロードすることで、そこに記載された素材や洗濯方法の情報を、配送する洗剤の選定の参照データとして登録できるようにする」といったことは一つの案だ。「おしゃれをして出かける」状況の中で購入した衣料品は、もちろん家の中でもきれいに着たいはずである。「プライス」「プレイス」の観点からは、衣料品店やセレクトショップ内で、衣料品の購入とともにプラットフォームを利用するための登録をすると価格が値引きされる施策を行ってもらう、といったことが考えられる。

生活者の状況に着目し、そこから生じている生活者モードを捕えるような施策の方針を立て、具体化する。それによって、生活者の状況と、自らの提供するコトをマッチングする。このような新しいマーケティングの輪郭が少しはクリアになってきただろうか。

生活者モードを捕えるマーケティングの在り方を、一つの手法体系としてさらに具体化したのが、「デジタルロケーションマーケティング」である。「デジタルロケーションマーケティング」は、コト提供ビジネスにおけるマーケティングの「状況と生活者モードを踏まえた施策の方針立案」「状況による４Ｐの再編成」を、「時空間」にフォーカスして実現している。その方法を次章で詳しく説明する。

CHAPTER 06

「デジタルロケーションマーケティング」の可能性

1 –「デジタルロケーションマーケティング」とは

「時空間」から生じる生活者モードを捕える

デジタルロケーションマーケティングは、生活者を取り巻く状況の中でも、「時空間」に着目したマーケティング手法である。

具体的には、マーケティング施策の方針を策定するためのプランニング手法「生活者モードベースドプランニング」と、時空間によってメディアを再編成することでマーケティング施策を具体化するための「デジタルロケーションメディア」から成る。

手法の具体的な紹介に入る前に、なぜ「時空間」の生活者モードに着目したのかを、我々が独自に行った調査の結果をもとに説明していこう。

多様な生活者モードを生じさせる「時空間」という状況

状況から生じる生活者モードをマーケティング手法によって捕えるときに、まず見据えるべきなのは、生活者の「外出」という経験である。生活者の平日１日の平均外出時間は５・４時間。メディアと接触するための十分な潜在的な機会がある。外出時の移動中は、「思いがけない情報に出会うことがある」と回答する人は52・３％に上る。マーケティングにおいて、生活者の「外出」は、向き合うことで成果の高い施策を行っていける可能性が高い、高ポテンシャルな経験なのである。

「生活者の外出」の実態をより深く解明した調査結果がある。１日の外出時間やそのうちの移動時間はどれくらいか、生活における様々な外出の経験をどの曜日、時間帯に行うか、その経験をどの街で行うか、その経験ごとにどのような気分でいるか、などを明らかにした博報堂ＤＹグループ独自の調査だ。

調査の結果の一部を紹介しながら、「時空間」にどのようなかたちで生活者モードが隠れているのかを見てみよう。

●調査の概要は次の通り。

対象者：15～69歳男女、東京都・千葉県・神奈川県・埼玉県在住／大阪府・京都府・兵庫県・奈良県在住
調査手法：インターネット調査
サンプル数：4000人（人口構成比×出現率で割付）
実施時期：2018年10月3日（水）～10月11日（木）
調査機関：（株）マクロミル
集計：各割付セル人口×出現率の構成比でウェイトバック集計
※記載n数：ウェイトバック前n数

・外出時の経験ごとに曜日時間帯、場所、気分は変わる

まず、１週間のうちのどの曜日、どの時間帯に生活におけるどんな経験をしているかを見ると、「通勤している」は、平日の６時から10時が多く、「日常の買い物以外のショッピング」は、土日の12時から17時に多い（Ｐ２２２〜２２３　表１）。

では、外出時の経験はどの場所で起こっているのか。それぞれの経験と街との関係を見た。すると、「仕事の用事の外出や移動」は、東京だと丸の内や品川、大手町が多い。「ショッピングや友人・恋人との外出」は、新宿、渋谷、池袋、銀座が多いというデータが上がってきた。外出時の経験ごとに場所が異なるということだ（Ｐ２２４〜２２５　表２）。

さらに、それぞれ外出時の経験ごとの気分を見ると、「出発前」や「通勤・通学」時は、「憂鬱」「面倒」な気分、「親しい人との外出」「趣味のための外出」では「わくわく」「充実」などの気分を伴っていることがわかった。経験ごとに気分が異なっているのだ（Ｐ２２６〜２２７　表３）。

（表1）「移動する生活者」調査／外出の経験ごとの曜日時間帯該当率

（%）

平日			土日											このようなシーンはない
19～21時	21～23時	23時～	～6時	6～8時	8～10時	10～12時	12～13時	13～15時	15～17時	17～19時	19～21時	21～23時	23時～	
19.6	11.7	5.7	2.6	7.0	13.0	18.2	18.3	21.6	21.4	20.5	15.9	10.1	5.5	14.6
1.3	0.6	0.5	8.5	22.6	25.0	15.7	5.6	4.2	2.8	1.9	1.4	0.9	0.7	-
3.6	1.7	0.6	6.0	18.8	37.7	29.4	13.6	11.0	6.5	4.2	2.1	1.2	0.7	-
49.5	64.5	44.2	10.5	17.4	30.0	35.2	31.6	35.2	37.6	44.4	60.1	63.3	43.3	-
36.4	19.2	6.4	3.5	18.1	26.1	20.1	18.2	12.2	12.8	32.6	31.4	13.3	5.1	12.7
6.0	2.1	0.7	3.3	16.6	19.0	8.1	4.5	3.3	2.5	3.3	2.3	1.2	0.5	-
44.2	18.5	8.0	1.4	1.5	2.5	2.1	2.9	4.6	7.6	21.4	16.0	9.2	4.8	-
32.6	23.6	12.0	1.3	1.7	2.0	4.4	6.7	10.3	26.7	41.8	35.4	24.7	13.7	-
23.0	7.9	3.5	1.6	4.6	21.2	27.8	26.7	27.3	25.2	19.5	11.2	5.8	3.0	-
2.9	2.1	1.7	0.7	0.9	1.9	5.5	24.0	11.3	7.1	4.5	3.4	2.3	1.8	8.5
2.5	1.1	0.6	0.5	0.7	2.9	6.7	5.5	9.7	7.7	3.5	1.9	1.0	0.5	52.7
3.0	1.2	0.5	0.6	1.1	4.2	6.0	5.9	8.6	5.6	3.3	1.9	0.8	0.6	52.7
26.5	7.7	2.1	0.4	0.6	7.2	29.5	21.1	33.0	37.4	28.2	13.2	4.2	1.5	5.9
20.0	4.1	1.0	0.2	0.3	3.1	24.2	28.5	50.8	46.6	26.1	10.6	2.7	0.8	12.3
28.2	16.3	4.9	0.4	1.1	5.6	23.9	35.3	44.3	41.8	36.8	28.3	14.9	5.8	26.3
17.0	9.0	2.6	2.2	5.4	12.4	29.0	32.0	41.9	39.8	28.9	18.6	8.6	3.5	27.9
16.7	8.1	2.0	0.4	1.3	7.0	23.1	30.0	38.4	35.3	27.5	17.4	7.7	2.2	34.6

※数値は小数点第二位以下を四捨五入したもの

- 平均より10pt以上高い
- 平均より5pt以上高い
- 平均より5pt以上低い
- 平均より10pt以上低い

	n	平日							
		～6時	6～8時	8～10時	10～12時	12～13時	13～15時	15～17時	17～19時
項目単純平均		4.0	13.0	14.4	15.4	16.7	17.1	16.3	20.3
朝起きてから学校や仕事などへ出発する前	3389	22.5	66.7	22.7	5.5	2.3	2.3	1.2	1.1
家で、学校・仕事以外の用事で出かける準備をしているとき	4000	10.5	34.2	25.7	16.1	7.3	5.9	3.5	3.1
家でくつろいでいるとき	4000	7.0	8.3	9.4	12.2	13.0	14.6	14.3	19.0
家で家事をしているとき	4000	8.0	24.9	13.5	8.6	8.1	4.8	7.1	26.4
通勤・通学をしているとき	3389	6.0	51.6	47.7	8.2	4.2	3.5	3.0	8.4
通勤・通学先から帰宅しているとき	3389	1.6	1.5	2.3	2.0	1.7	3.2	10.4	50.4
外出先から帰宅しているとき	4000	1.4	1.4	1.9	3.4	4.2	6.9	15.9	31.4
学校で学習／勤務先で仕事をしているとき	3389	1.9	7.5	68.1	83.1	72.7	84.2	80.8	61.2
学習や仕事の合間に休憩をしているとき	3389	0.7	1.1	2.7	11.3	65.2	18.7	11.2	5.3
仕事の用事で外出をしているとき（取引先への訪問など）	3013	0.8	1.3	8.4	21.5	14.7	30.8	25.3	9.2
勤務中、仕事の用事で移動しているとき	3013	0.9	3.3	12.5	20.1	16.5	26.2	20.8	9.3
日常の買い物をしているとき（食品、日用品などの買い物）	4000	0.6	1.1	4.4	13.0	8.3	11.2	14.4	32.2
ショッピングをしているとき（日常の買い物以外）	4000	0.5	0.6	1.3	10.0	11.2	16.7	14.1	20.5
親しい友人や恋人と外出しているとき	4000	0.5	0.6	2.2	9.8	14.5	16.7	13.6	18.5
自分の趣味のために外出しているとき	4000	1.0	2.0	4.6	11.8	11.9	15.2	13.3	14.3
家族や友人の用事の付き合いで外出しているとき	4000	0.3	1.1	2.7	9.6	11.1	13.1	11.5	14.1

- **「通勤しているとき」は平日6-10時。**
- **「日常の買い物以外のショッピング」は土日の12-17時等が特徴的。**
- **外出の経験ごとに曜日時間帯が異なる。**

（表２）「移動する生活者」調査／外出の経験ごとの街にいる率

（%）

表参道	銀座	原宿	秋葉原	お茶の水	大手町	新橋	上野	浅草	恵比寿	北千住	高田馬場	飯田橋	あてはまるものはない
4.3	7.4	2.4	4.2	2.3	3.3	3.5	4.8	2.0	2.4	2.6	1.8	2.1	47.7
1.9	2.7	0.7	3.5	2.8	3.4	4.1	3.9	1.3	1.7	2.8	2.6	3.0	43.4
2.0	2.7	0.8	3.6	2.1	3.1	3.3	4.2	0.9	1.2	3.7	2.3	2.4	50.5
2.9	4.7	1.8	3.0	1.8	2.3	2.3	4.1	1.7	1.8	3.1	1.6	1.7	57.3
1.5	2.2	0.6	1.7	2.2	2.1	2.8	2.2	1.0	1.6	1.2	1.5	2.0	55.2
1.5	2.0	0.6	1.4	1.8	1.9	2.1	1.7	0.7	1.3	1.0	1.2	1.8	57.8
5.6	7.9	2.5	5.5	3.6	8.9	8.4	3.8	2.1	3.4	1.8	1.7	3.6	43.6
4.9	6.8	2.4	6.2	3.8	8.5	8.2	4.8	2.3	3.4	2.6	2.5	3.8	41.2
1.4	4.3	1.1	2.2	1.2	0.8	0.9	3.3	1.3	0.9	2.5	1.1	0.5	66.4
6.0	12.5	4.0	5.8	1.9	1.5	1.3	6.6	2.0	2.2	3.9	1.2	0.8	37.4
11.9	19.4	6.2	5.6	2.7	3.0	4.3	9.2	4.4	5.3	3.5	2.2	2.4	31.6
5.6	9.9	3.8	8.3	2.6	1.7	2.2	7.6	2.6	2.7	2.7	1.8	1.7	45.7
6.1	13.2	3.9	4.2	1.7	2.0	2.0	6.5	3.4	2.8	2.7	1.2	1.2	42.7

※数値は小数点第二位以下を四捨五入したもの

■ 平均より10pt以上高い　■ 平均より5pt以上低い
■ 平均より5pt以上高い　■ 平均より10pt以上低い

	n	丸の内	有楽町	新宿	渋谷	品川	池袋	六本木
項目単純平均		6.3	7.0	18.7	12.2	6.0	10.8	3.6
通勤・通学をしているとき	2535	5.2	4.1	15.0	9.0	7.1	8.0	2.0
通勤・通学先から帰宅しているとき	2535	3.7	4.4	12.9	8.2	6.0	8.8	1.6
外出先から帰宅しているとき	3000	4.2	4.7	15.0	9.4	4.2	10.6	2.3
学校で学習／勤務先で仕事をしているとき	2535	3.9	2.5	11.1	6.4	5.8	4.8	2.3
学習や仕事の合間に休憩をしているとき	2315	3.5	2.6	10.0	5.5	5.3	4.1	2.2
仕事の用事で外出をしているとき（取引先への訪問など）	1034	14.9	9.9	19.5	13.7	11.4	8.9	6.3
勤務中、仕事の用事で移動しているとき	1039	12.4	10.3	20.5	14.0	12.3	9.7	5.9
日常の買い物をしているとき（食品、日用品などの買い物）	2816	2.1	3.9	11.7	7.7	3.1	8.6	1.2
ショッピングをしているとき（日常の買い物以外）	2623	5.8	11.8	28.5	18.2	3.2	18.4	2.8
親しい友人や恋人と外出しているとき	2190	9.4	13.0	32.3	22.2	5.8	19.0	8.0
自分の趣味のために外出しているとき	2167	4.2	7.7	21.7	15.3	3.5	13.0	4.4
家族や友人の用事の付き合いで外出しているとき	1946	5.9	9.0	26.2	16.9	4.4	15.5	4.1

●「仕事の用事での外出や移動」は丸の内や品川や大手町。
●「ショッピングや友人、恋人との外出」は新宿、渋谷、池袋、銀座等が特徴的。
● 外出の経験ごとに場所が異なる。

（表３）「移動する生活者」調査／外出の経験ごとの気分該当率

（%）

何か物足りない	つらい	さびしい	憂鬱だ	なにもしたくない	面倒くさい	集中できない	誰にも話しかけられたくない	興奮している	緊張している	焦っている	怒っている	イライラしている	あてはまるものはない
2.8	3.5	1.4	6.4	6.8	11.9	1.8	5.8	3.5	5.8	4.1	0.9	3.6	21.1
2.5	12.2	1.2	24.8	11.6	30.5	2.4	9.3	1.4	6.5	12.2	1.3	5.5	19.3
2.1	4.0	1.1	8.3	5.3	17.8	1.4	5.1	3.1	4.8	10.8	0.8	3.7	20.9
6.5	1.0	3.1	2.1	21.5	2.8	1.3	6.8	1.0	0.6	1.0	0.7	1.0	7.8
1.8	2.7	1.1	4.3	6.9	32.6	1.4	4.4	0.8	1.1	4.6	0.8	4.4	25.5
2.3	9.6	1.0	20.4	9.2	23.3	1.9	12.9	1.1	6.9	5.9	1.8	10.5	22.6
2.2	3.5	1.7	3.7	11.5	6.3	1.5	8.9	1.3	1.3	2.1	1.2	4.0	18.9
3.1	1.8	5.3	2.5	8.8	4.5	1.1	3.7	2.2	1.0	2.3	0.7	1.9	29.1
4.7	8.5	0.9	11.6	6.2	17.0	6.4	8.7	3.6	17.8	8.6	2.6	11.8	21.7
3.1	2.3	0.9	3.9	13.3	2.9	1.9	10.1	0.9	2.5	1.9	0.5	1.7	18.4
2.0	2.6	1.3	6.7	2.5	9.8	2.2	3.4	3.5	22.8	4.3	0.7	3.0	28.5
2.3	3.1	0.8	7.1	4.5	13.0	2.2	6.1	2.2	15.2	5.5	1.0	3.2	29.1
3.3	1.1	0.8	1.3	2.2	10.5	1.3	4.4	2.3	1.5	2.0	0.4	1.2	31.7
2.2	0.7	0.7	0.6	1.3	4.1	1.1	4.3	6.9	1.4	1.2	0.4	1.1	19.0
1.8	0.6	0.5	1.3	0.7	2.4	0.9	0.9	9.3	2.9	0.7	0.4	0.9	11.2
1.3	0.7	1.0	0.9	1.0	1.4	0.6	3.2	12.9	3.2	1.2	0.6	0.9	9.3
3.1	1.4	0.8	2.9	2.7	11.9	1.6	1.1	2.9	2.8	1.3	0.7	2.0	24.4

※数値は小数点第二位以下を四捨五入したもの

■ 平均より10pt以上高い　■ 平均より5pt以上低い

■ 平均より5pt以上高い　■ 平均より10pt以上低い

	n	生き生きしている	充実している	わくわくしている	ほっとした気分	元気がいっぱいだ	心が静かだ	なんとなく不安だ
項目単純平均		9.9	12.5	14.0	15.4	7.2	9.2	4.5
朝起きてから学校や仕事などへ出発する前	3389	3.0	4.1	2.5	1.5	4.1	7.6	9.2
家で、学校・仕事以外の用事で出かける準備をしているとき	4000	10.0	9.8	21.4	3.8	8.2	7.0	4.8
家でくつろいでいるとき	4000	6.0	14.2	3.2	54.7	2.9	34.5	3.4
家で家事をしているとき	3492	5.3	10.3	2.3	7.2	3.1	9.9	1.2
通勤・通学をしているとき	3389	2.0	2.8	1.8	1.3	3.3	6.2	8.1
通勤・通学先から帰宅しているとき	3389	4.5	4.9	5.0	39.2	2.9	9.0	2.5
外出先から帰宅しているとき	4000	4.1	9.6	2.1	29.5	2.8	8.6	1.7
学校で学習／勤務先で仕事をしているとき	3389	7.1	14.8	3.1	1.2	4.4	5.2	9.3
学習や仕事の合間に休憩をしているとき	3102	2.9	3.6	2.2	39.6	1.9	11.6	3.7
仕事の用事で外出をしているとき（取引先への訪問など）	1428	6.0	7.6	5.8	3.7	3.3	5.3	9.7
勤務中、仕事の用事で移動しているとき	1428	4.4	5.0	4.0	4.5	3.4	6.9	8.1
日常の買い物をしているとき（食品、日用品などの買い物）	3765	11.0	13.1	17.7	9.4	5.8	9.4	2.0
ショッピングをしているとき（日常の買い物以外）	3507	18.6	19.4	40.5	8.9	11.1	5.3	1.7
親しい友人や恋人と外出しているとき	2949	29.9	32.8	44.2	20.5	23.8	6.2	1.7
自分の趣味のために外出しているとき	2882	31.0	31.1	47.4	11.6	22.1	6.5	1.8
家族や友人の用事の付き合いで外出しているとき	2618	12.9	16.3	20.5	9.0	11.7	8.3	2.7

- **「出発前」「通勤・通学」時は“憂鬱”“面倒”な気分。**
- **「親しい人との外出」「趣味のための外出」では“わくわく”“充実”した気分。**
- **外出の経験ごとに気分が異なる。**

これらの結果を、視点を変えて集計し、各街の曜日時間帯ごとにどのような気分になっている人が多いかをスコア化した。大手町、丸の内、秋葉原の結果を取り上げたのが左頁の図である。

平日昼の大手町で過ごす生活者は「緊張している」という気分が目立つことがわかる。一方、平日夜7時以降、土日の丸の内では、「元気がいっぱいだ」という気分が目立ってくる。秋葉原は平日も土日も共通して、「興奮している」という気分の数値が高かった。街、時間帯ごとで生活者の気分は変わってくるということなのだ。

・時空間に発生する「気分の偏り」を捕える、新たなマーケティングの必要性

調査から明らかになったのは、その時間帯、その場所に生活者の気分が重なることで、時空間に「気分の偏り」とでも言うべきものが発生しているということである。

この結果の背景にあるのは、外出時の場所、時間ごとに生活者・物・情報のつながり方が非常に多様であることだろう。人々は、それぞれの場所、時間ごとに

「移動する生活者」調査
大手町/丸の内/秋葉原における曜日時間帯ごとの気分スコア

●平日昼帯の“緊張感”が目立つ「大手町」。

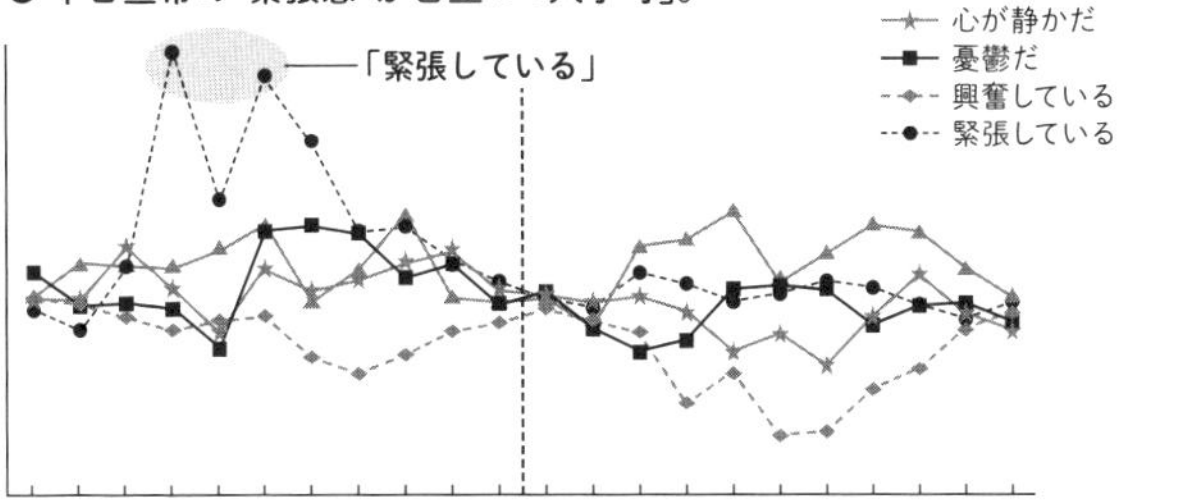

●夜7時以降・土日の“元気”が目立つ「丸の内」。

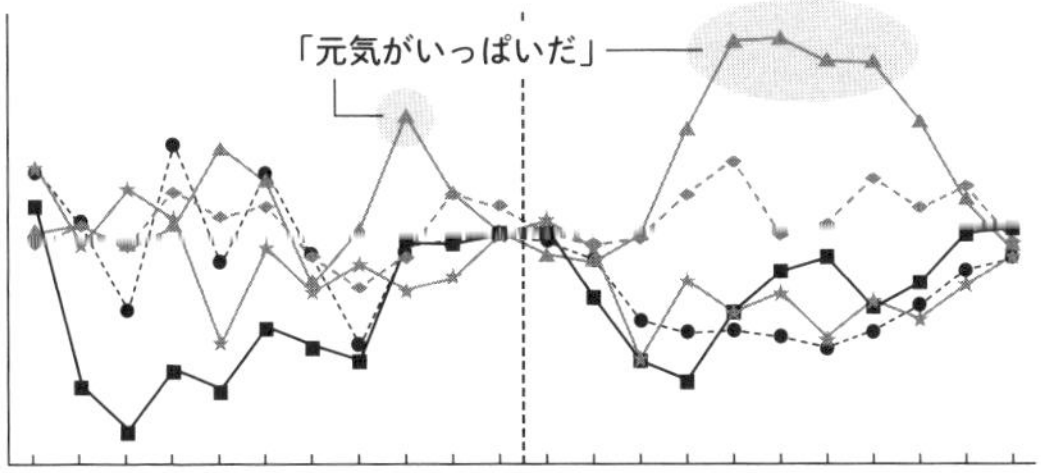

●「秋葉原」は平日土日に共通する“興奮”した気分が特徴的。

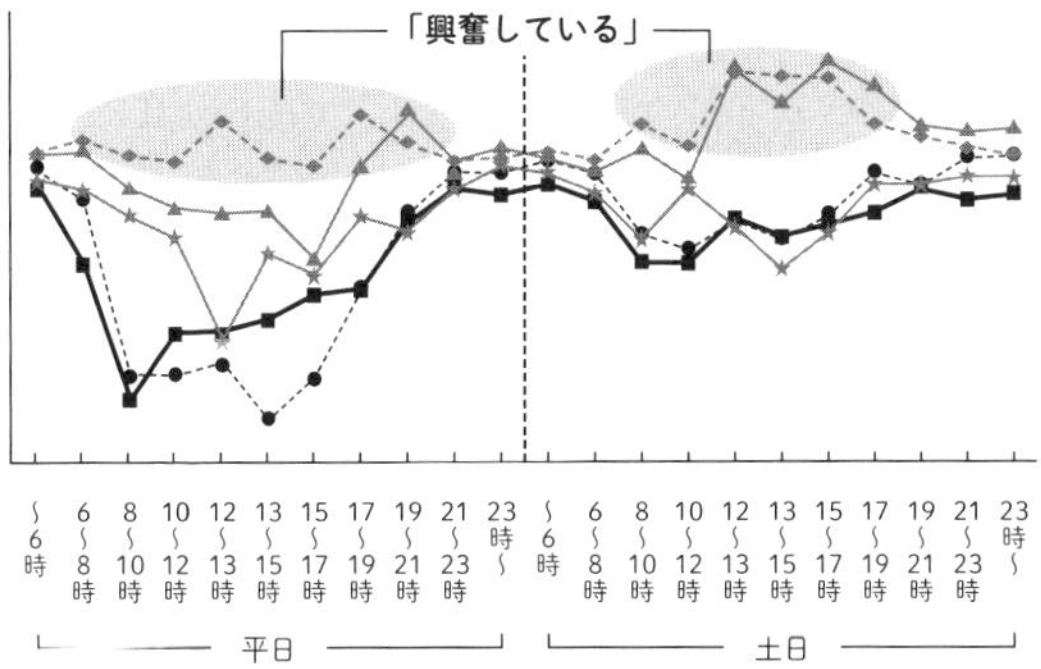

※街ごとに「どの曜日時間帯に」「どんな気分の人が」「どの程度いるのか」の傾向値の、すべての街の平均的な傾向値からの増分を、街における曜日時間帯ごとの「気分」の指標としてスコア化。
代表的な5つの気分のみグラフ化。

異なる外出の経験をしている。経験が異なれば、ネットワークでやり取りしている生活者や、アクセスするモノや情報も変化する。「平日昼の大手町」にいる生活者たちは、様々なビジネス情報にアクセスしながら取引先に赴き、仕事仲間のネットワークにそれを共有しているだろう。「平日夜7時以降、土日の丸の内」にいる生活者は、様々な商業施設に入っているお店やイベントの情報にアクセスしながら、それらを友人や家族とともに共有したうえで、行先を決めているだろう。2つの時空間では、生活者・物・情報のつながり方が全く違うはずだ。つながり方の違いに応じて、そこから生じる欲求も多様に変化することは、容易に想像できる。生活者モードの変化が、調査における「外出時の経験ごとの気分」というアンケート項目の回答となって、表れているのだ。

生活者の多様な状況とコトとのマッチングを行う新たなマーケティングの観点からみれば、この様々な生活者モードが隠れている「時空間」は大きなチャンスがある。このチャンスに注目して開発した新たなマーケティングの手法が、「デジタルロケーションマーケティング」である。

手法の構成要素には、大きく分けて2つある。1つは、時空間の生活者モードを明らかにし、施策の方針策定をしていくためのプランニングフレームワーク「生活者モードベースドプランニング」である。もう一つは、4Pのうちの「プロモーション」において、特に重要となるメディアを時空間によって再編成することで施策を具体化していく「デジタルロケーションメディア」だ。それぞれについて、紹介していきたいと思う。

時空間の生活者モードから施策の方針を決める「生活者モードベースドプランニング」

まずは「生活者モードベースドプランニング」から説明していこう。

「生活者モードベースドプランニング」は時空間から生じる生活者モードを明確化し、それを捕える施策の方針策定を行うためのプランニング手法である。

プランニングは3つのステップを踏む。①マッチングする時空間の決定、②生活者モードの明確化、③生活者モードを捕える施策全体の訴求コンセプト・企画の決定、である。

生活者モードベースドプランニングの3ステップ

STEP
1

マッチングする時空間の決定

生活者がどんな時空間にいるときにアプローチすべきなのかを決定する

STEP
2

生活者モードの明確化

データで時空間の特徴を分析しながら、生活者モードを明らかにする

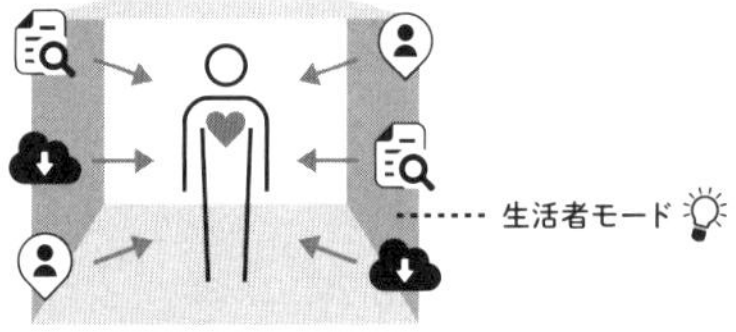

STEP
3

生活者モードを捕える施策全体の訴求コンセプト・企画の決定

明確にした時空間の生活者モードを踏まえて、施策の方向性を決定する

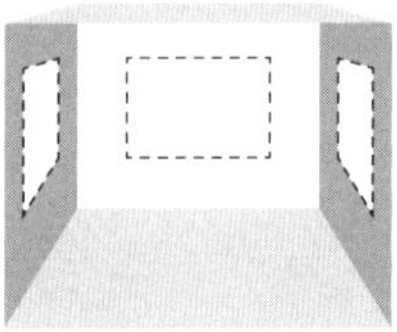

・ステップ1　マッチングする時空間の決定

最初に行うのは捕えるべき時空間を決定することだ。

コト提供ビジネスにおけるマーケティングでは、自らが提供するコトと、生活者の状況をマッチングさせることが重要となる。このために、まず生活者がどんな時空間にいるときにアプローチすべきなのかを決めていく必要があるのだ。

プラニングの起点となるこのステップには、大きく2つの時空間決定の仕方がある。

一つは、生活者の動線を想定した時空間の決定である。朝起きてから夜寝るまでといった日々のライフサイクルや、年ごとなどで周期性を持った生活者の行動など、生活者の一連の動きの中で、どの時空間にアプローチすべきかを検討していく。例えば、

■平日朝のオフィス街
■金曜夜の繁華街
■土日昼の家族向け商業施設

といったものや、

■7~8月の夏休み期間のサービスエリア周辺
■大晦日、正月の神社周辺
■2~3月の賃貸不動産仲介店舗や家電量販店周辺

といったものが考えられる。

一点補足しておくと、ここでは生活者個人をベースに時空間を整理するが、時空間から生じる欲求自体は、ネットワーク化された生活者が共通して持つものだ。例えば、ある生活者のライフサイクルごとの行動を想定し「金曜夜の繁華街」という時空間が明確になったとしても、その生活者が「金曜夜の繁華街」にいる際に持つ欲求は、その生活者個人の意識の中にあるものではなく、「金曜夜の繁華街」という時空間を共有している人々や、その人々のネットワークが共通して持つものであると考える。

もう一つは、自社店舗の商圏を想定した時空間の決定である。コト提供を行う場所として自社店舗を考えている場合に、その店舗が集客を想定する地理的範囲や時間帯を勘案しながらアプローチすべき時空間を検討していく。集客を想定する地理的範囲や時間帯が異なれば、それらの特徴も全く異なることはよくあることだ。自らが提供するコトとマッチングする状況として、どのような店舗の、どのような地理的範囲や時間帯にフォーカスするのかを、来店者のデータ分析等から明確にする必要がある。

■平日昼間の都市部の店舗周辺　数十m

■土日夜の郊外店舗周辺　数km

といった時空間が考えられるだろう。

・ステップ2　生活者モードの明確化

2つ目のステップは、時空間から生じる生活者モードの明確化だ。

実際に生活者モードを明確にするときに重要になるのは、その時空間においてどのような生活者・物・情報が、どのようにつながっているのかを、アクチュアルデータを活用して推測していくことだ。例えば、以下のようなデータを推測のための分析に活用できると考えられる。

○その時空間自体の分布

■地図上のどのようなエリアか

■どのような曜日時間帯か

○その時空間で過ごしている人についてのデータ

■性／年齢／職業／家族構成といった人口統計的特徴の傾向データ

■趣味嗜好の傾向データ

○その時空間の環境についてのデータ

■ＰＯＩの傾向データ（ＰＯＩはPoint of Interestの略。該当エリアにある施設の傾向に関するデータ）

■都心なのか、郊外なのかといった地域特性の傾向データ

○その時空間で起こっている行動についてのデータ

■ＳＮＳ投稿データ（Ｔｗｉｔｔｅｒ／Ｉｎｓｔａｇｒａｍ等のデータ）

■コンビニ／スーパーマーケット等のリアル店舗における購買の傾向データ

また、マーケティングの担当部門であれば馴染みが深いアンケート調査のデータを活用することも可能だ。先に紹介した生活者の外出についての調査では、生活者が置かれている時空間を「外出の経験」ごとに聴取し、さらにそれぞれの外出の経験ごとの気分や接触メディアや閲覧コンテンツ等を特定していた。これらのアンケートデータを活用することで、生活者の時空間に隠れている欲求を6つに類型化したものが次頁の表である。

6つの「生活者モード」

	概要	特徴的な行動の例
オープンマインドモード	・余裕があるほっとした気分で､友人とコミュニケーションをとったり、コンテンツを楽しんだりして、落ち着きたい。	・動画サイトを回遊しながら、ゆったりとネットドラマなどの長尺録画を閲覧。 ・録りためていたTV番組を見ながら、それをネタに友人とメッセージをやり取り。 ・好きなインスタグラマーの投稿を眺めながら、紹介されていたアイテムを検索。
ウォームアップモード	・面倒・憂鬱な気分を、その日のニュースやトレンド情報など、タイムリーな情報で刺激し、気分を高めていきたい。	・家で通勤前、横目で見ていたTVの情報番組で紹介されていた、最近話題のお店に興味をもつ。 ・電車の中の電子パネルで天気予報と行楽情報が目に入り、週末の予定を考えはじめる。 ・通勤中の電車の中でスマホでニュースアプリをチェックし、最新ニュースの記事を流し読み。
ハンティングモード	・わくわくした気分で直感的に気になったことやお得な情報を調べ、良い買い物がしたい。	・スーパーの売り場で食材とレシピ情報を眺めながら、今日の献立を決定。 ・お店の前を通りかかったときにタイムセールのサイネージを見つけ、思わず入店。 ・ショッピングモールのお店を行き来しながら、ECサイトで値段やレビューをチェック。
ひまつぶしモード	・隙間時間で気分転換するため、何か短時間で完結することに取り組みたい。	・仕事の休憩中、一服しながら久しぶりの友人のSNS投稿が目に留まり、メッセージを送る。 ・帰宅途中の電車の中で音楽を聴きながら､サイネージに出ているクイズが気になる。 ・子供の習い事が終わるのを待っている途中、看板にある海外リゾートが目に留まり、旅行に行きたくなる。
アンテナモード	・今いる場所の周辺情報や、人との会話を通じて得たことを膨らませて、新しい発見に出会いたい。	・街を歩きながら、近くにある評判のお店のレビューを参考に調べる。 ・友人に教えてもらったトレンドスポットを検索し、まとめ記事を確認。 ・趣味の仲間と情報交換し、新商品の評判を聞き買いたくなる。
フォーカスモード	・ノイズとなる情報を最低限に抑えながら、目の前のことに集中して効率的に取り組みたい。	・リズムをつくるため、イヤフォンで作業用BGMをかけながら手を動かす。 ・仕事や学習に必要な調べ物をするため、いくつかのWebサイトを検索しながら情報を収集。

・ステップ3　生活者モードを捕える施策全体の訴求コンセプト・企画の決定

明確にした時空間の生活者モードを踏まえて、施策の方向性を決定していく。まずは、生活者の時空間と自らが提供するコトとをマッチングするための施策全体の訴求コンセプトが必要になってくるだろう。

また、施策全体の訴求コンセプトと同時に、施策の具体化につなげるために、時空間においてどのような企画を行っていくかも整理していくことになる。

捕えるべき時空間が複数ある場合は、その時空間ごとにステップ2の生活者モードの明確化、ステップ3の施策全体の訴求コンセプト・企画を明確にしていくことが望ましいだろう。ただし、あまりに捕えるべき時空間が多すぎる場合は、コアな時空間を決めて優先的に対応していく必要がある。

時空間でメディアを再編成し、施策を具体化する「デジタルロケーションメディア」

「生活者モードベースドプランニング」で、施策の方向性を明確にした後には、施策を具体化することが必要になっていく。「生活者モードベースドプランニング」で着目しているのは、生活者を取り巻く「時空間」という状況だ。これに合わせて、施策を具体化していく際には、「プロダクト」「プライス」「プレイス」「プロモーション」の４Ｐを時空間で再編成していく必要がある。中でも我々が着目しているのは「プロモーション」の中で重要な役割を占める「メディア」の時空間での再編成だ。

我々は、「時空間で再編成されるすべてのメディア」を「デジタルロケーションメディア」と定義している。デジタルロケーションメディアを活用することで、生活者の時空間に的確にアプローチし、そこから生じる生活者モードを捕えることが可能になるのだ。

・背景にあるのは、「デジタル化」「ネットワーク化」したメディアの広がり

なぜ今、「メディアの時空間による再編成」なのか。着目の背景には、「つながるテクノロジー」の普及によって2段階の進化がメディアに起こっていることがある。2段階の進化とは、メディアの「デジタル化」、メディアの「ネットワーク化」だ。

近年に至るまでの、生活者が外出中に触れるメディアのテクノロジーによる発展を振り返ってみよう。従来、生活者が外出中に触れるメディアの多くは、ポスターや看板といった物理的なメディアが主であった。こうしたフィジカルメディアは、それぞれが物理的に独立し、それゆえに物理的に分断され、広告の出稿もメディアごとに取引がなされていた。

その後、フィジカルメディアのデジタル化が進み、デジタルサイネージ等のデジタルの屋外メディアや、外出中にいつでも閲覧できるスマートフォンの普及が進んだ。しかし、そこにおいても多くのメディアでは、コンテンツ配信の仕組みはメディアごとにバラバラで分断されたままだった。

そしてまさに今、様々なデジタル屋外メディアやスマートフォンが、ネットワ

ーク化され始めている。複数のデジタルサイネージを特定条件で配信制御したり、位置に連動したスマートフォンへ情報配信したりする施策が、今まで以上に一層行いやすくなっているのである。

　このメディア環境の変化は、時空間でのメディアの再編成にはうってつけだ。例えばデジタルサイネージとスマートフォンがネットワーク化されれば、コンテンツが連動し、一体感のあるエリアジャックも可能になる。ネットワーク化が進展すれば、メディアの境界が消え、時空間で生活者にアプローチできるようになるのだ。真の意味で「時空間から生じる生活者モード」を捕えることが可能になるのである。

「デジタルロケーションメディア」とは

時空間で再編成されるすべてのメディア

＝

デジタルロケーションメディア

背景にあるのは、メディアの「デジタル化」「ネットワーク化」

メディア環境の変化により、メディアを時空間で再編成することができるようになった。

フィジカルメディア >>> **デジタル化されたメディア** >>> **ネットワーク化されたメディア**

ex）看板やポスター

基本的には紙の掲載のみ。
メディアごとに
バラバラに取引して掲載。

ex）デジタルサイネージ

動画コンテンツが配信可能に。
ただし、配信の仕組みは
メディアごとに分断されたまま。

ex）ネットワーク化された
デジタルサイネージ

複数のデジタルサイネージを
特定条件で配信制御すること
が可能に。

デジタルロケーションメディアを活用することで、
生活者の時空間に的確にアプローチし、
そこに隠れている生活者モードを捉えることが可能になる。

Taras Vyshnya-stock.adobe.com

2 「デジタルロケーションマーケティング」の今後

人のＩＤから時空間のＩＤへ

タッチポイントのデジタル化や、顧客管理システムの高度化が進む中で、マーケティングの手法においては、「人のＩＤ化」が進んできた。適切な手段で同意を得た上で、自社データベースの顧客ＩＤや、生活者が利用するブラウザのＣｏｏｋｉｅ ＩＤ、スマートフォンの端末ＩＤなどに様々なデータを紐づけ、蓄積する。個人情報については厳密に管理した上で、プライバシーを保護するかたちでＩＤに紐づく情報を頼りに生活者の分析を行ったり、生活者に対して広告を配信したりする。そういった手法が発展してきた。

もちろん、そのような手法は、モノ提供ビジネスを行う企業のマーケティング活動の一手法として成果を上げてきた。しかし、現代において、ネットワークにつながり、物と情報が結びついた環境を感覚的に選択し受容するようになった生活者に対するマーケティングで十分な成果を上げるためには、この「人のＩＤ」を活用する手法と、「時空間のＩＤ」を活用する手法を掛け合わせてマーケティングの計画・実行を検討していく必要がある。

例えば、地理情報には「地域メッシュ」という、地理空間を緯度・経度に基づいてほぼ同じ大きさの網の目に分ける規格がある。例えばこのような地域メッシュと、日時を組み合わせれば、様々な視点から活用が可能な統一的な時空間ＩＤデータセットを作成していくことができる。時空間ＩＤに生活者モードを明らかにするための様々なデータを紐づけて管理し、多様な切り口で集計・分析を行えるようにすることで、データドリブンな生活者モードの明確化が可能になっていくのだ。

メディアサービスは「枠」から「人」、そして「時空間」へ

「時空間のＩＤ」を活用する手法が広がれば、メディアサービスの在り方も大きく変化すると考えられる。

これまでを振り返ると、テレビなどのマスメディアでは、「枠」の単位でどのようにコンテンツや広告を作り、どのように流すかが決められてきた。これに対し、インターネット広告が隆盛の時代になると、「この人のグループ（ユーザーセグメント）にはこのようなコンテンツや広告を作り、このように配信する」といったような、オーディエンス単位のメディアサービスの考え方へと変わった。それが、時空間ＩＤで施策を打つようになると、「この時空間ではこのようなコンテンツや広告を作り、このように配信する」といったような「時空間」を単位としたメディアサービスに変わる。土日の昼間の商業施設においてはファッショントレンド情報を配信し、平日の朝のオフィス街ではビジネスニュースを配信する、といった具合である。

「デジタルロケーションマーケティング」は、従来のマーケティングの手法を根本的に支えてきた「ＩＤ」という概念や、メディアサービスの考え方を「時空間」にまで拡張する可能性を秘めているのだ。

「時空間のＩＤ」を活用するマーケティング手法は、現在、明確にリーダーと言えるプレイヤーは存在せず、これから趨勢が決まっていく領域だ。今後「デジタルロケーションマーケティング」以外にも様々な手法が現れてくるはずである。コト提供ビジネス時代のマーケティング手法の進化は、今後も続いていくだろう。

新たなマーケティングの機会がそこにはある。あとは、機会をつかみ、成果にしていくために、トライをしていくだけである。

COLUMN

企業以外にも広がる生活者モード戦略

［インタビュー］

山下晃正氏　京都府副知事

「京都府が目指すスマートシティ」

第4章では、コト提供ビジネスの実現を行う上で重要なテーマが、様々なプレイヤーと共存共栄の関係を築く「エコシステムの実現」であるとして、その方法論の一部を紹介した。しかし、「コト提供」が求められるのは、企業のビジネス活動だけではない。生活者の日常を支える様々なサービスを提供する行政機関でも、テクノロジーの発展に対応した行政サービスを通じて、生活者の日常にコトを提供することが求められるようになってきている。その例となるのが、ここで紹介する京都府のスマートシティ構想だ。

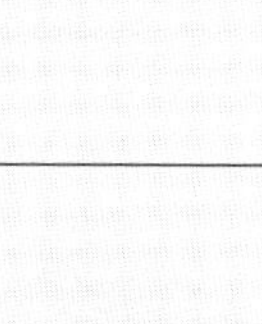

●山下晃正／京都府商工労働観光部長、企画理事を経て、2013年2月に副知事就任。政策企画、商工労働観光、農林水産などを担当。

京都は国内外から多数の観光客が訪れる有数の観光地であり、伝統に育まれた文化を有する地である。観光客としての生活者と、地域で日々の暮らしを送る生活者との間では軋轢もなくはない。また、高齢者対策や産業振興など現代の課題も抱えている。これらを京都府はどのように解決しようとしているのか。スマートシティ構想の中身を見ると、産学官協業のエコシステムとも言える仕組みを取り入れているようだ。京都府副知事の山下晃正氏を訪ね、その経緯と現状について聞いた。

――京都府は、これまで「京都スマートシティエキスポ」を開催するなど、BtoB（企業対企業）やBtoG（企業対行政）のマッチングによるオープンイノベーションに取り組んできたようです。そして2018年9月には、「（一社）京都スマートシティ推進協議会」を設立されました。その背景をお聞かせください。

山下　2011年3月11日の東日本大震災のときに電力需給が大きな課題となり、電力の有効活用、ピークカット、スマートグリッドなど、様々な視点からの検討を行いました。そこで、京都府民への調査や実証実験のために企業に協力いただく機会が増え、行政とし

●一般社団法人京都スマートシティ推進協議会／2018年9月に設立。ICT等の最新技術を用いることで、持続的に発展する新たな社会システムとイノベーションを創出。府、企業、大学・研究機関、府民をつなぐオープンイノベーションプラットフォームとして、スマートシティの実現を目指す。

てテクノロジーの活用と京都府民の生活の質（ＱＯＬ）の向上という両面に向き合う機会を得ました。その経験から、これからは社会課題の解決にテクノロジーの活用が欠かせないと実感したのです。京都府内でも、地域で異なる様々な課題があり、その解決にはオープンイノベーションの活用が必要だと考え、京都府が音頭を取って始まったのが「京都スマートシティエキスポ」です。ＢｔｏＢやＢｔｏＧの視点を重視し、ソーシャルイノベーションを実装化したスマートシティの実現がテーマの１つです。

さらに２０１８年６月18日の大阪府北部地震がもう一つの契機となりました。京都府でも震度５強を記録し、電車も止まり、多くの外国人観光客が不安な時間を過ごしました。第１報こそは日本語と英語を同じタイミングで発信できましたが、時間が経つにつれ、どうしても英語での発信が遅れていく。実はスマートフォン用に提供している京都府の観光協会のアプリケーションであれば、随時、英語での状況のお知らせをしていたのですが、災害発生時にそれに気づける外国人観光客の方はほとんどいませんでした。こんなときに、誰もが行き来する街頭にパッと案内が表示できたなら、多くの人が安心できたはずだと考えたのです。

――現在、京都駅など京都府内外の14カ所にデジタルサイネージが設置されています。設置にあたっては観光客だけでなく、京都府民にとっての有益性も説明されていますね。

山下　災害発生時に、観光客にとって必要な情報であれば、京都府民にとっても必要なものではないかと考えました。その視点で見ると、気象情報もイベント情報も「観光客限定」ではない。例えば、増加する観光客と京都府民の日常生活との摩擦が懸念されています。観光客が「ここを移動する」という情報は、一方で住民に「こっちに移動すれば摩擦が避けられる」という情報提供になる。その大もとは、観光客と住民の移動データという同じ1つのデータではないかと気づいたのです。

つまり行政の立場で京都府内の課題を俯瞰し、オープンイノベーションとビッグデータを活用すれば、観光の課題も京都府民の課題も解決できる。

――「スマートシティの実現」が「誰」の「何」のためなのかが、行政の立場で明確になり、さらにはデータとテクノロジーの活用という手法も明確になったわけですね。その流れから「(一社)

京都スマートシティ推進協議会」も設立したのでしょうか？

山下　行政の強みは、いろいろなプレイヤーと話せることであり、情報も入ってきます。「あの街の課題は、あの企業の技術とこの企業の経験を一緒にしたら解決するのでは？」と提案もできる。しかし、多様な課題解決に多くのプレイヤーに参加を呼びかけながら、持続可能性を維持して取り組むには、オープンなプラットフォームが必要です。そのために京都府から独立し、産学官のプレイヤーをつなぐため、一般社団法人として「（一社）京都スマートシティ推進協議会」が誕生したのです。

──京都府の取り組みによって、京都府内の様々なプレイヤーが共存共栄する「エコシステム」が構築されようとしているように見えますが、具体的にはどのように事業は進められるのでしょうか？

山下　（一社）京都スマートシティ推進協議会と（公財）京都産業21、京都府が、「京都ビッグデータ活用プラットフォーム運営協議会」を新たに発足させ、行政の保有データと民間企業の保有データ、さらにデジタルサイネージなどのＩＣＴデータを収集・蓄積し、ビッグデータを通じて、「社会課題の解決」「新規ビジネスの創出」「イノベーションの創出」を目指す「京都ビッグデータ活用プラットフォーム事業」を展開しております。参加したい企業や自治体等を会員として募集し、現在１００企業・団体が参画しており、課題とシーズのマッチング支援を行います（２０２０年３月末現在）。

本プラットフォームでは、京都府民の課題ニーズに応じてワーキンググループを設置し、課題ごとに会員企業に参加を呼びかけます。京都府も協力しながら、参加者とディスカッションや実証実験を行い、課題解決や京都府民のＱＯＬ向上に結びつくビジネスや産業の創出につなげていくのが目標です。

——具体的に進んでいるものはありますか？

山下　既に実証実験に入ったもの、参加企業を募っているもの、アイデア段階のものなど様々ですが、京都府ならではの地域課題ゆえに、既存の手法では解決するのが難しい課題も多い。しかし、オープンなプラットフォームを前提にアイデアを出し合うと、「あの課題」と「この課題」は同じ軸で考え、解決できるのではないかという発見があるわけです。そうした検討中の事例をいくつか紹介しましょう。

高齢者の健康×モビリティ

高齢化が課題となっている地域でスマートスピーカーの実証実験を実施した。対象となる独居か高齢夫婦の世帯20戸にスマートスピーカーを設置し、どのように利活用されるかを調べるのが目的だった。すると調査開始後、わずか数日で誰もが使いこなすようになった。しかも起床から就寝まで様々なタイミングでスマートスピーカーに話しかけるので、そこから1日の活動データの詳細が取得できることもわかった。

そのデータで特徴的だったのは、スケジュール管理の使用頻度が高かったことである。多くの人が病院の通院予定日をスマートスピーカーに話しかけていた。備忘録代わりに使っていたようだ。

高齢者がスマートスピーカーを十分使いこなせることがわかり、次は２０００戸に拡大して検証を開始することになった。その規模に注目し、実験に参加してきたのがオンデマンドバスの企業だった。スマートスピーカーの通院予定データをもとにバスが各戸を回り、ピンポイントで乗客を乗せる。

高齢者の通院をサポートするそんな移動インフラを運営できないか検討中だ。

高齢者の運動機能アップ×自動運転開発

小規模フィットネスクラブは、健康志向の強い高齢者に人気だ。そこでの会話に耳を傾けると、多くの高齢者が「免許返納」への不安を抱えていることがわかった。車を運転できなくなれば、フィットネスクラブにも通えなくなってしまうからだ。

すると自動運転の技術を開発している企業がアイデアを出した。免許返納後も車に乗れるよう、自動運転の技術を提案するのかと思ったら、違う提案だった。自動運転の研究データを使って、高齢者の運動機能をキープするエクササイズを考案したいという提案だったのだ。自動運転の研究実績から、運転に必要な筋力や体の動かし方がわかるという。

運転できなくなるから自動運転を利用するのではなく、自動運転のデータで運転年齢を延ばすソリューションを作るという逆転の発想だった。

農業×観光

京都府12市町村にまたがる「お茶ど

ころ」は８００年の歴史を持つ。お茶は「日本茶のふるさと」の魅力を感じる風景が広がる観光資源であると同時に、地場産業を代表する農産物でもある。

農業では画像解析技術を用いた農産物の育成管理が注目されており、京都府がＩＴ技術を積極的に取り入れる検討をしていたところ、農業関連ではなく、観光振興のＰＲ目的のために以前から茶畑の写真が撮影されてきたとの情報が提供された。その画像データを茶畑の管理や葉の生育データとして活用できないかと検討している。実現すれば農業と観光の両方が振興することになる。

●京都府のスマートシティ構想に見る生活者モード戦略

京都府の取り組みを本書の視点で整理してみよう。

行政機関がサービスを提供する相手は、ターゲットとして絞り込んだ特定の生活者ではない。その地域に住むすべての人々の生活を支えるのが、行政機関の役割だからだ。また、行政機関が相手にするのは生活者だけではない。その地域でビジネスを行う企業など、様々な団体にも、地域で活動しやすいように支援を行っていく必要がある。このような行政機関のそもそもの活動の在り方を踏まえると、「生活者・物・情報のつながり」の中に、自分たちのサービスを入れ込んでいく、「コト提供」という活動の方向性が、行政機関と相性が良いことがわかる。

そのような行政機関の活動において重要になるのが、「生活者・物・情報のつながり」の影響を受けて生じる、生活者も気づいていない欲求「生活者モード」を捕えていくことだろう。京都府の取り組みをその視点で見ると、まさに生活者モードを捕えるようなコト提供を行っているように見えてくる。

例えば、高齢者宅でのスマートスピーカーの実証実験で示されたのは、「高齢者の自宅」という場所には、「なるべく歩く距離を減らし、かつ低コストで移動したい」という生活者モードが隠れているということだった。このことに着目し、京都府がコト提供を検討し、実現に向けて動いているのが、オンデマンドバス運行構想だ。スマートスピーカーの利用のされ方から「なるべく歩く距離を減らし、かつ低コストで移動したい」という生活者モードを明確化し、柔軟なバス運行を実現することによってそれを捕えようとしている。まさに行政機関が生活者モードを明確化し、エコシステムを実現することでそれを捕えようとしている事例だと言えるのではないだろうか。

　オンデマンドバス運行だけでなく、京都府民の隠れた欲求を捕えるためのコト提供は様々なものが考えられる。京都府は、様々なプレイヤーとともに様々なコト提供を行うために、「(一社)京都スマートシティ推進協議会」を立ち上げ、京都ビッグデータ活用プラットフォーム事業を展開することによってエコシステムを構築しているのだ。

　副知事へのインタビューを通じて感じられたのは、「京都府民が何を求めているか」を常に意識し、実際にそれを明らかにするために様々な取り組みにトライしていく積極的な姿勢だった。行政機関だからこそ、生活者の視点を忘れずに取り組みを推進していくことが重要なのだということに改めて気づかされた。

おわりに

本書をここまで読んでいただいた読者の方々に、まずは深く感謝申し上げたい。事業開発／推進やマーケティングに関わる方々に有益な情報となるよう、可能な限り整理して原稿をまとめたつもりだ。

「生活者・物・情報のつながり」に影響を受けて生じる、生活者自身も気づいていない欲求「生活者モード」。生活者モードを捕えるための「コト提供ビジネス」と「生活者モード戦略」。時空間に着目した新たなマーケティング手法「デジタルロケーションマーケティング」。

本書で紹介した、これらをはじめとする概念・枠組み・方法論を、実務でビジネスに取り組まれる際に少しでも役立てていただければ幸いである。

実際にビジネスを進めていく際、本書の内容を参考にしていただく他に、ぜひトライしていただきたいことがある。それは、あなたが一人の生活者として日常で感じたことを、取り組まれているビジネスに落とし込むことだ。

往々にして、ビジネスの実務に従事する方の生活は忙しい。社内外の環境分析や、そこから導いたビジネス戦略、戦略を実行するための施策について考えることばかりに気が向いて、生活者に起こっている大きな変化について、ゆっくりと考えを巡らすような時間がなかなか取れていない、というような方も多いのではないだろうか。

しかし、本書の冒頭でも示した通り、ビジネスの成功のためには、「生活者の原理」についての洞察から始めていくことが何よりも重要だ。日々の仕事について考えることからいったん離れて、自分が一人の生活者として何を感じ、どのような行動をしているかに改めて意識を向けてみよう。家族と過ごすときや、趣味に興じるとき、街で買い物をするとき、飲み会にいくときなど、様々な場面で、生活者の原理について洞察するためのヒントが隠れているはずだ。ことあるごとに生活者としての自分の気持ちや行動について着目するように意識すれば、やがて生活者の原理についての有効な洞察を得られるようになっていく。そして、その洞察は、意思決定のための重要な判断軸になり、ビジネス戦略を策定すること、そこから施策を計画し実行することに、必ず役に立つはずである。

ここから先は、「生活者としてのあなた」が感じ、「ビジネスパーソンとしてのあなた」がそれをビジネスに生かしていくことから始まっていくのだ。

本書が、読者の方々が激動の時代にビジネスを成功させる際の一助となることを切に願っている。

大倉幸祐

〈 主要参考文献 〉

第1章　生活者の新たな欲求「生活者モード」

- 博報堂生活総合研究所『生活者発想塾』日本経済新聞出版社, 2010
- ヤン・カールソン『真実の瞬間　SASのサービス戦略はなぜ成功したか』ダイヤモンド社, 1990
- A.G.Lafley, Ram Charan “The Game-Changer: How You Can Drive Revenue and Profit Growth with Innovation” Crown Business, 2008
- Jim Lecinski (Google) “ Winning the Zero Moment of Truth” 2011 https://www.thinkwithgoogle.com/marketing-resources/micro-moments/2011-winning-zmot-ebook/
- Kai-Fu Lee “AI Superpowers: China, Silicon Valley, and the New World Order” Houghton Mifflin Harcourt, 2018

第3章　「コト提供ビジネス」への転換

- 総務省『平成25年版 情報通信白書』https://www.soumu.go.jp/johotsusintokei/whitepaper/ja/h25/html/nc111310.html
  licensed under CC-BY 2.1 JP http://creativecommons.org/licenses/by/2.1/jp/
- 相葉 宏二、グロービス経営大学院『グロービスMBA事業戦略』ダイヤモンド社, 2013
- 三谷 宏治『経営戦略全史』ディスカヴァー・トゥエンティワン, 2013
- 三谷 宏治『ビジネスモデル全史』ディスカヴァー・トゥエンティワン, 2014
- 松島 聡『UXの時代――IoTとシェアリングは産業をどう変えるのか』英治出版, 2016
- 根岸 弘光、亀割 一徳『サブスクリプション経営』日本経済新聞出版社, 2020
- 日高 洋祐、牧村 和彦、井上 岳一、井上 佳三『MaaS モビリティ革命の先にある全産業のゲームチェンジ』日経BP, 2018
- ヘンリー・チェスブロウ『オープン・サービス・イノベーション 生活者視点から、成長と競争力のあるビジネスを創造する』CCCメディアハウス, 2012

第4章　生活者モードを捕えるビジネス戦略の策定

- 「DIAMONDハーバード・ビジネス・レビュー 2017年6月号」ダイヤモンド社, 2017
- ゲイリー・ハメル、C・K・プラハラード『コア・コンピタンス経営 未来への競争戦略』日本経済新聞出版社, 2001
- 根来 龍之『プラットフォームの教科書 超速成長ネットワーク効果の基本と応用』日経BP, 2017

第5章　生活者モードを捕える新たなマーケティング

- ジム・ステンゲル『本当のブランド理念について語ろう「志の高さ」を成長に変えた世界のトップ企業50』CCCメディアハウス, 2013

生活者モード戦略

2020年9月30日 初版第1刷発行

著者　佐藤智施・大倉幸祐
発行者　藤井省吾
発行　日経BP
発売　日経BPマーケティング
〒105-8308
東京都港区虎ノ門4-3-12

デザイン　後藤裕二（ティオ）
編集協力　塩澤雄二、石田雅彦
藤島麻衣子（LINUS）
印刷・製本　大日本印刷

ISBN 978-4-296-10403-1 Printed in Japan